新媒体与大学生
思想政治教育研究

朱金山◎著

吉林出版集团股份有限公司

图书在版编目（CIP）数据

新媒体与大学生思想政治教育研究 / 朱金山著 . —
长春 : 吉林出版集团股份有限公司 , 2020.5

ISBN 978-7-5581-8472-7

Ⅰ . ①新… Ⅱ . ①朱… Ⅲ . ①大学生－思想政治教育
－研究－中国 Ⅳ . ① G641

中国版本图书馆 CIP 数据核字 (2020) 第 060050 号

新媒体与大学生思想政治教育研究

著　　者　朱金山

责任编辑　王　平　白聪响

封面设计　李宁宁

开　　本　787mm×1092mm　1/16

字　　数　204 千

印　　张　11

版　　次　2021 年 3 月第 1 版

印　　次　2023 年 4 月第 2 次印刷

出　　版　吉林出版集团股份有限公司

电　　话　010–63109269

印　　刷　炫彩（天津）印刷有限责任公司

ISBN 978-7-5581-8472-7　　　　　　定价：58.00 元

前　言

随着移动互联网技术的蓬勃发展，新媒体应用犹如雨后春笋般发展起来。新媒体凭借信息传播便捷、快速、高效、互动的优势，已成为高校宣传思想、舆论引导、思政教育的重要阵地，为高校大学生思想政治教育的有效开展创造了条件。与此同时，新媒体信息传播移动化、内容娱乐化、价值多元化、人际关系虚拟化，使高校大学生的思想、行为、生活随之出现了新特点和新问题，让高校思想政治教育面临着新挑战。

新媒体时代，是一个崭新的信息时代。面对新媒体时代高校思想政治教育所出现的新特点，为促进高校思想政治教育与新媒体的有机契合，提高高校思想政治教育的吸引力、感染力，增强思想政治工作的针对性和实效性，需要对高校思想政治教育提出新要求，这不仅是时代赋予高校思想政治教育工作者的新使命，也是创新和发展思想政治教育理论的新机遇。

本书内容为 2017 年度青岛市社会科学规划项目：新媒体时代青岛民办高校大学生思想政治教育实效性提升研究（编号 QDSKL17019）研究成果。在研究新媒体时代提升高校思想政治教育实效性的共性基础上，进一步深入研究了新媒体环境下青岛民办高校大学生思想政治教育现状，探索新媒体时代青岛民办高校思想政治教育实效性的提升策略，充分发挥新媒体优势，不断增强青岛民办高校思政工作的吸引力和感染力，提升青岛民办高校思政工作的实效性。

目　录

第一章 新媒体技术的基本概述

第一节 新媒体的定义

随着互联网技术的日臻成熟和迅速普及，"新媒体"这一概念不仅在学术文章中出现的频率与日俱增，而且逐渐融入人们的日常生活，成为当下使用频率很高的一个时髦名词。但是，对于究竟什么是"新媒体"，不仅普通使用者难下定义，就是专家学者也各执一词，莫衷一是，造成理解和交流上的诸多障碍，因此很有必要加以讨论和澄清。

一、新媒体定义

一般认为，所谓新媒体，实际上是一个相对的概念，是我们平时见到的已经用于公共通信方面的除报刊、广播、电视等传统媒体之外的新的媒体形态。目前，对于新媒体较为流行的定义是：新媒体是一个宽泛的概念，是利用数字技术、网络技术，通过互联网、宽带局域网、无线通信网、卫星等渠道，以及电脑、手机、数字电视等终端，向用户提供信息和娱乐服务的传播形态。但是，这种说法并未得到学界的一致认可，国内外还有一些较为典型的新媒体的定义，了解它们将有助于对新媒体的定义加以重新建构。

清华大学新媒体研究中心主任熊澄宇教授认为，新媒体是个相对的概念，新是相对于旧而言的。今天的新媒体主要指：在计算机信息处理技术的基础上产生和影响的媒体形态，包括在线的网络媒体和离线的其他数字媒体形式。阳光卫视的执行主席兼集团行政总裁吴征给出的新媒体的定义是：是一种既超越了电视媒体的广度，又超越了印刷媒体的深度的媒体，而且由于其高度的互动性、个人性和感知方式的多样性，它具备了从前任何媒体都不曾具备的力度。

国务院发展研究中心副局长岳颂东提出，新媒体是采用当代最新科技手段，将信息传播给受众的载体，从而对受众产生预期效应的介质。

若干年前，联合国教科文组织关于新媒体有过一个定义：即新媒体就是网络媒体。

美国《连线》杂志对新媒体的定义是：所有人对所有人的传播。

美国俄裔新媒体艺术家列维·曼诺维奇认为，新媒体将不再是任何一种特殊意义的媒体，而不过是一种与传统媒体形式没有关联的一组数字信息，但这些信息可以根据需要以相应的媒体形式展示出来。

康涅狄格州在线媒体顾问、资深媒体分析师文·克罗斯比的定义为：新媒体就是能对大众同时提供个性化内容的媒体，是传播者和接收者融合成对等的交流者，而无数的交流者相互间可以同时进行个性化交流的媒体。

事实上，上述定义都有自己的优点和长处，都有各自的强调重点，但无疑它们都有意无意地忽视了定义所必须依据的新媒体的特点。因此，在给新媒体下定义之前，有必要梳理一下新媒体的特点。

二、新媒体的特点

形式逻辑告诉我们，所谓定义，就是通过归纳出概念对象的特有属性，通过明确概念的内涵和外延的方式，从而使该概念对象和其他类似对象区别开来的一种揭露概念内涵与外延的逻辑方法。其中，内涵定义就是要揭示这个概念对象的本质属性，而外延定义则是要划定该概念所指的范围。从以上提示中，我们可以看出，要定义一个对象概念，关键在于抓住它的特性，或者说是要理清它的特点，抓住它的本质特征。我们通过对新媒体和传统媒体进行比较，就不难发现，新媒体作为新型的传播形式，具有以下几方面的特点：

（一）交互性

传统的大众媒介都是单向式传播。媒体高高在上，居高临下，报纸写什么，读者就只能读什么；广播说什么，听众就只能听什么；电视播什么，观众就只能看什么，受众很少能主动表达他们自己的观点和看法，也根本无法和媒体互动。而新媒体则不同，由于采用了新的技术，尤其是因特网具有连接网上任何用户、共享网上信息资源的功能，用户之间可以通过不同的方式进行广泛的沟通，从而可以实现传播者与受传者的交互式的双向交流。

（二）个性化

由于计算机网络把单向的传播变为双向乃至多方位的交流，通过联机网络，只要拥有一台信息处理机和一台调制解调器，人人都可以成为新闻的提供者或报道者。这样新闻报道便成了个人行为，即所谓"人人即媒体"，从而实现了信息传播与收阅的个人化。

（三）复合性

以往的传统媒体传递的信息符号较为单一，而新媒体所传递的信息不仅包含文字、声音、图像，还包含视频、音频、动画等，真正实现了信息传播的图文声一体化。

（四）集成性

集成性充分体现了新媒体传播形态的多样性特点。它集报纸、广播、电视的传播手段与传播方式于一体。如：计算机网络媒介＝电子报纸＋电子杂志＋交互式电视＋交互式广播＋电子图书馆＋……其形式的多样化是前所未有的。

三、新媒体定义的重构

对于"新媒体"一词的认识，既可以从语义学的角度来探索，也可以从形式逻辑学中关于概念的内涵和外延两个方面来考察。从语义学的角度来看，"新"一般用来描述与传统的、旧的、落后的、不同的事物或者更先进的和最近出现的事物。而"媒体"一词，按照传播学奠基人威尔伯·施拉姆的界定，它具有两层含义：第一层是指信息传递所借助的具体媒介，如报纸、电视等；第二层含义是指信息发布的机构，但是随着科技的发展，媒介越来越被定义为技术性媒介，即是能够拓展传播渠道、扩大传播范围、提高传播速度的一项科技发展，或者说是这些方式得以实现的技术形式（如电视机、报纸、影片等）。可见，"媒体"一词越来越被专有化、特指化。从而"新媒体"的含义也被用来仅仅指新的信息载体，而不再涉及媒体机构。

从形式逻辑学中关于概念的内涵和外延两个方面来看，其内涵指 20 世纪后期在世界科学技术发生巨大进步的背景下，在社会信息传播领域内出现的、建立在数字技术基础上的、能够使传播信息大大扩展、传播速度大大加快、传播方式大大丰富的、与传统媒体迥然不同的新型媒体。新媒体主要包括光纤电缆通信网、都市型双向传播有线电视网、图文电视、电子计算机通信网、大型电脑数据库通信系统、通信卫星和卫星直播电视系统、高清晰度电视、互联网、手机短信和多媒体信息互动平台、多媒体技术即利用数字技术播放的广播网等等。

可见，无论新媒体具体指的是什么、如何对它加以定义，本质上它无非是一个中介，是一种人与人之间、人与社会之间相互作用的中介。因而可将新媒体定义为：新媒体是一个相对的概念，是对出现于传统媒体之后的各类电子媒体和网络媒体的统称，主要指在传统媒体的基础上结合当前先进的科学技术，实时地、交互地承载和传递各种个性化、多媒化复合信息的中介。其中，当前先进的科学技术主要指电脑的发明、互联网的出现即 HTTP 协议的发明，它们是新媒体兴起的首发阵容。但是随着媒体技术的进一步兴起，数字技术，尤其是其中的卫星通信技术、宽带技术及手机无线服务平台，成了新媒体出现的最基本的科技基础。发展新媒体的目的是使人类更快、更好地相互交流、获取信息。它的出现使得以往种种阻隔人们沟通的障碍得到了革命性的清除，人类从此形成了一个全新的交流和互动关系。

四、新媒体———一把"双刃剑"

新媒体以它无可比拟的优势迅速抢占了广阔的受众市场，它突破了传统媒体受时空等的限制，不仅为人们提供了接收信息的新平台，而且为实现信息的交互提供了可能。然而，新媒体也是一把"双刃剑"，它对社会的双重影响和对传统媒体的双重作用同时表现了出来，新媒体在为社会生活带来便捷的同时，也给社会带来了一些负面的影响。具体表现在以下几方面：

怎样控制信息有序流动问题。由于以新媒体为工作的信息传播自由度非常高，信息控制就成了一个难题。例如，有时我们在网络上阅读新闻时会发现，虽然有众多的链接和海量的信息，但由于把关人的缺失，无论什么信息都有可能畅通无阻地发布在网上，良莠不齐，泥沙俱下，鱼龙混杂，难辨真伪。很多时候，当我们看遍了这些信息后并未感到有多少收获，因为除了网上信息参差不齐外，网络的相互抄袭现象也非常严重。正由于网络把关人的缺失使我们浪费了很多时间和精力，而且信息的真实性和准确性也难以得到保障。

怎样保护个人隐私问题。传播技术的飞速发展改变了我们的生活方式，个人的私生活同时也被置于摄像头的监控之下，使人与人之间的关系产生了更多的不确定因素。对于个人隐私，传统上认为是神圣不可侵犯的，西方新闻理论把"国家安全""商业机密""个人隐私"列为传统媒体不得涉足的三大禁区，严加保护。但是自从新媒体横空出世以后，个人隐私的保护成了一个巨大的难题，一些与公共事务无关、只涉及私密生活的信息在网上随处可见，而且不断加以放大，最后常常使当事人在毫无心理准备的情况下"很受伤"，如台湾的"璩美凤事件"、香港的"艳照门事件"就是一个很好的例子，这不得不让人惊叹新媒体的可怕与可恨，也使得当代社会中如何保护人们的隐私成为一个有待解决的问题。

舆论导向的偏颇问题。在新媒体，特别是网络技术对社会产生的消极作用中，舆论导向的偏离会产生严重的后果。有些网民为了制造轰动效应，常常会发布一些无中生有、捕风捉影、颠倒情节、胡编乱造的信息，因为其具有刺激人的眼球的特征，就免不了会引来一些不明真相、不明就里的网友跟风评论，甚至不乏恶意发展其故事的情形发生，所以网上以讹传讹、以假当真甚至弄假成真的事件（即网络事件）时有发生，误导网民，损害社会诚信。对于年轻人来说，一方面他们的好奇心重，对各种信息都十分感兴趣；另一方面对新事物新观点的接受能力也比较强。在他们尚未形成相对稳定的价值体系之前，舆论导向与家庭和学校的教育是十分重要的。如果青少年过早地接触网络上的不良信息的话，往往会受到一些负面信息的冲击，甚至受到一些敌对网站错误信息的不良影响，这对于社会的整体发展是极为不利的。

强势文化的过度影响问题。网络文化为人们提供了信息共享和融合，人们接收信息的一致性非常容易导致民族和地域文化的一元化，从而使人们的审美观和价值观变得相对一致。这对全球多元民族文化构成了极大的威胁，如当代的互联网中有90%都是用英语写的，这对于非英语民族的人们来说，在阅读和使用互联网文化的同时，也在不自觉地接收英语构成的文化价值观。

每一种新事物的出现，都是对旧事物的继承和发展，新媒体也不例外。它不仅继承了以往传统媒体的优点，并将这些优点更加突出地表现出来。我们不仅要看到新媒体并非十全十美，更应该看到它也有自己的不足。还要看到，随着技术的进步，现在的新媒体也会变成所谓的"传统媒体"。需要特别指出的是，概念是发展的、变化的，并不是一成不变的。因为事物本身是在不断发展变化的。加之人们对事物的认识是一个循序渐进、不断深化的过程，人类逐步地、愈来愈多、愈来愈正确、愈来愈深刻地认识事物的本质。因而，关于事物的概念也就随之变化。总之，无论新媒体的定义是什么，它都是人们为了无阻碍的沟通、交流、获取信息的一种手段，是一种人与人、人与社会之间相互作用的中介。对于它的作用的两面性，我们任何时候都不要忽视，而应该正确地加以利用。

第二节 新媒体时代传播特征及发展趋势

新媒体时代的到来，给互联网传播信息提供了舆论渠道，而互联网传播信息的互动性、匿名性特点使各个社区论坛、个人网站、博客都可以成为舆论的发源地。新媒体的出现和发展，意味着信息技术的进步、传播语境的改变、传统话语权的解构和内容生产方式的改变，新媒体的传播者和接收者在信息技术的发展前提下，保持各自的特性进行了一定的融合发展，并逐渐向数字化方向转化。因此，我们在感受新媒体时代传播发展的同时，应更加深入地了解其发展的特征表现。

一、新媒体内涵的概念性解读

在实际生活中，新媒体传播事业的发展，使新媒体的相关研究成为传播领域持续关注的重点问题。结合目前新媒体技术的发展，其内涵的具体定义，至今还未明确形成。新媒体作为一种发展概念，其过程始终处于一种具有时代特点的动态过程。信息来源的多元化、传播渠道的多元化、表达方式的多元化、满足受众需求的多元化，使新媒体时代传播特征逐渐被大众所接受。对新媒体内涵的概念性进行解读与分析，有利于在了解新媒体传播发展的同时，进一步通过新媒体信息来源的多元化优势，全面了解当前社会发展的各种热点问题与事件，并可以随时随地通过各种途径了解自己所需要的信息，这是新媒体传播较之旧媒体发展的独特之处。

二、新媒体网络舆论趋势分析

首先，新媒体时代传播的发展，告别了网络舆论发展初期主要依靠报纸、电视、收音机等传统媒介进行传播的方式。互联网的普及与发展，在很大程度上扩展了百姓参与社会时事的空间。大多数热点问题与事件，在新媒体网络舆论传播渠道日益增多的情况下，甚至可以达到瞬间席卷网络的程度。其次，新媒体网络舆论参与主体逐渐呈现出"草根化"趋势。新媒体在网络时代的兴盛与发展，网络媒体的匿名性、开放性与及时性，为百姓提供了情感表达、利益诉求等事件的信息发布空间。互联网移动终端的发展，更为新媒体传播方式的发展提供了存在的可能。在日常生活中，我们身边每天都会发生大大小小不计其数的新闻事件，新媒体网络时代的到来，让百姓足不出户便可浏览国家乃至世界各地的时事新闻。

三、新媒体时代传播特征分析

随着新媒体时代传播特征日益凸显，人们更多的时候是通过互联网移动终端来了解社会新闻事件的报道。据相关资料记载，人类传播发展的历程，大致分为信息传播、口头传播、大众传播、电视传播以及网络传播时代。新媒体时代传播事业的发展，在一定程度上促进了社会主义文化事业的发展，在舆论社交平台的辅助发展下，人们可以通过网络社交平台、微博等参与社会中新闻事件的谈论，言论自由权得到了一定的实现。

（一）新媒体信息传播的互动性

新媒体时代的发展，使新媒体在信息传播的过程中，通过信息网络技术实现了各种形式的便捷互动，至此，媒体传播的方式发生了根本的改变。新媒体信息传播的互动性，给社会大众参与社会时事的讨论提供了交流的平台。新媒体在进行信息传播的过程中，通过网络技术和信息源产生的互动，直接促使我们可以通过手机、平板电脑进行视频观看、新闻事件阅读以及进入社交网络平台进行新闻话题的互动，使社会公众对于国家大事、时事新闻事件都能有一定的了解，这是新媒体信息传播互动性存在的独特之处。

（二）新媒体信息传播的快捷性

首先，新媒体信息传播的快捷性，实现了信息的快速传播，为媒体传播扩宽了渠道。此外，新媒体信息传播范围的广泛化发展，使有价值、有意义的信息，随时随地地实现了跨越地域的传播。新媒体时代传播的发展，也使信息传播短时广泛化的发展，成为客观存在的传媒特色。其次，新媒体信息传播速度的瞬间化发展，也给新媒体时代的传播发展提供了摆脱时间、空间限制的可能。当前，有关社会舆情的发展，更是超乎想象，一些社会突发事件的发生、报道，在数量庞大的网民的支持下，关注度得以提升，使信息传播的速度大大地超越了传统媒体。另外，新媒体信息传播的快速发展，也为实现新媒体与社会公众的互动传播提供了平等的交流平台，人们可以就当前社会的时事热点问题进行广泛的讨论，为提高社会公众的整体素质也具有一定的积极作用。

（三）新媒体信息传播的大众性

新媒体信息传播的大众性，使新媒体的传播呈现出内容海量化、传播节点碎片化、传播方式群际化的发展特点。网络搜索引擎技术的快速更新发展，使大量的信息通过博客、微博、图片、文字等形式得到迅速传播。人们利用网络搜索引擎，快速地查找自己需要的各种信息，在信息量庞大的网络中，既满足了自身对信息的需求，也能在最短的时间内对信息进行一定的筛选。新媒体网络时代的到来，使每个网民都可能成为信息的生产者与舆论问题的制造者，促使信息传播呈现出碎片状的分布方式。网络中海量的信息和传播渠道的增多，使信息的传播实现了多向传播、多点互动、即时发布、即时传播的发展目标。网络化、立体化、群际化的传播方式，使越来越多的信息、观念、想法集中在更多的交流平台。在新媒体时代传播方式不断变化的发展基础上，越来越多的社会民众愿意参与到社会新闻事件的讨论与发布当中。因此，新媒体信息传播的大众性特点，是不断地促使社会公众参加到新闻事件发展谈论、有价值信息发布等的行列，也为政府制定政策的发布、传播创造了有利条件。

（四）新媒体信息传播的多元性

新媒体信息传播的多元性发展，促使其自身兼具了以往各种传媒的优势，将信息的发布与传播融合了文字、图像、声音的同步性发展。在一定程度上，实现了新媒体时代传播的跨时空性、可检索性、交互性等发展环节。以往人们大多通过报纸、广播以及电视等单一的传媒设备进行社会信息的了解，单一的信息传播渠道和信息发布方式使人们很少能够真正地参与社会热点事件的讨论，人们对于信息没有主动选择的权利和时间，只能被动地接收。新媒体信息传播的多元性特点的发展，使人们可以通过各种移动终端设备，随时随地进行信息的选择、收听以及新闻事件的讨论。人们通过不断地参与社会舆论事件的讨论，提升了自身的文化素质。此外，网民可以通过大量的信息链接，对信息的发展情况和结果进行选择性地了解。因此，新媒体信息传播的多元性发展，使人们可以更加便捷地进行阅读和学习。随着社会科学技术的发展，新媒体时代传播方式的变化会越来越快，人们将会拥有更加便捷的信息阅读方式，也会不断地促使社会文化事业更好地发展下去。

四、新媒体时代传播特征的相关思考

新媒体时代传播特征的相关思考问题，是促进新媒体时代传播方式、传播途径创新发展必须思考的重要问题之一。新媒体信息传播的互动性、快捷性、大众性、多元性等特征，为新媒体时代传播的发展，发挥了积极的促进作用，有利于我们在享受新传播媒体带来的成果的同时，能够根据自身发展的需要，更好地利用新媒体时代传播的优势。此外，新媒体时代传播特征的不断变化，也为我们进一步了解社会时事热点事件以及政府政策提供了极其便利的条件。新媒体时代传播媒介的发展，使更多的民众参与到互联网信息平台的交流活动中，为有价值信息的产生提供了一定的素材。政府有关部门也可以通过各种社交平台，深入了解民众的心声，通过了解新政策在官方网站发布后的民众反响，来综合评定某政策的出台是否能够为发展民生事业发挥促进作用。

五、新媒体时代的发展趋势

随着时代的推移，新媒体技术也出现一些问题，所以新媒体未来的发展趋势应该是结合创新思维，在原有的网络信息技术的基础上，新媒体应该扩大渗透的范围，比如说信息的来源、信息的传播范围、民众的接收渠道，让新媒体更加多元化地发展起来。

在新时代的影响下，中国要建设社会主义和谐社会，可以利用新媒体技术，当今这个新媒体网络兴起的时代，如果我们仍然用报纸、电视或者收音机等旧的通信方式和传播方式来传递信息，那么我们会跟不上时代的脚步，就无法满足群众的需求。互联网移动终端的发展，为新媒体快速转变传播方式提供了有效的途径，为人民跨越时空面对面交流提供了平台。

综上所述，在现有网络信息技术发展的基础上，新媒体传播中的要素主要有信息来源、传播渠道、表达方式以及满足受众需求等，新媒体时代传播事业的发展逐渐呈现多元化发展的趋势。网络信息技术的便捷发展，不断拓宽了社会信息传播的渠道和空间。信息来源的多元化、传播渠道的多元化、表达方式的多元化、满足受众需求的多元化，使新媒体时代传播特征的发展越发明显。新媒体时代的发展，让社会公众可以更加广泛、活跃地参与社会新闻事件的讨论，也让更多的人通过各种网络社交平台得到了帮助，促进了和谐社会的发展进程。因此，结合网络信息技术的发展，在新媒体的发展过程中，网络媒体、数字电视以及手机媒体的发展，都会不断地促进新媒体时代传播技术与传播渠道的迅速发展。

第二章 新媒体时代高校思想政治教育的影响分析

第一节 新媒体对高校思想政治教育环境的影响

新媒体是以互联网技术、数字技术和移动通信技术为基础，以电脑和手机等终端向用户提供信息及相关服务的传播媒体。对高校思想政治教育环境有着重要的影响。本书主要通过社会环境、文化环境、技术环境来进行分析。

一、社会环境的时代化

新媒体时代的社会环境复杂，网络信息的高速发展，形形色色的网络信息影响着社会的发展，使社会有着明显的时代化。基于新媒体时代的社会环境，高校思想政治教育也发生了变化，主要体现在：

（一）社会信息透明化

新媒体环境下，由于互联网技术不断地更新和完善，人们的感知范围和能力也在不断地提升和扩大，人们不再单一的只会通过书本、报刊、电视等传统媒体来获取外界知识，而往往是在多信息途径的来源中去获取，在这种环境下，信息的传播已经不受时间和空间的制约，社会空间变得更加透明无屏障，在新媒体环境下，人们可以随时随地利用即时通信工具（如 QQ、微信等）与他人进行交流，亦可以使用社交媒体（微博、贴吧、知乎等）发表自己的见解、维护自己的权益，通过巨大的舆论力量使之成为社会热点。在此环境下，高校思想政治教育工作面临着两难的境地：虽然信息可以实现共享，利于教育内容的传播，使教育环境更加的开放、民主。但与此同时，开放的新媒体以及网络环境下，心智尚未发展成熟、政治立场尚不坚定、容易受到不良诱惑的大学生们，很容易受到网络虚假信息、网络不良信息的误导，为高校的思想政治教育工作带来了困难。

（二）社会舆论的鱼龙混杂

"21世纪以来，我们深切感受到了全球化进程日益加快，各个国家和国际政坛以及其他诸多领域的关系日益复杂化，传媒拥有不可撼动的地位和作用。"全球化背景下的新媒体所带来的是传播内容全球化，意识形态全球化，但这种传播形式往往是单向播，少数拥有新媒体资源和技术的国家势必会站在传播媒介的顶点。以美国为例，其拥有全球访问量最高的搜索引擎 google，最大的门户网站 YAHOO，最大的视频网站 YOUTUBE，还有最大的社交媒体 FACEBOOK 以及 TWITTER，其网络空间霸权涉及至全球互联网的每一个角落，在海量信息尤其是涉及政治以及国际重大问题上，大学生的观点和价值取向往往会被报道消息的媒体的观点同化，这也会对高校的思想政治教育产生影响。

（三）社会信息的良莠不齐

新媒体的开放性特征是优势也是劣势，虽然拓宽了大学生的信息获取途径，使大学生从不同渠道获取信息，了解到各种观点；但是，当今互联网中鱼龙混杂，诸如许多网络谣言，违法信息，网络喷子等，对于广大青年大学生来讲不可避免地会产生许多负面影响，严重的甚至会影响其人生观，世界观以及价值观。而西方发达国家凭借其在互联网上的技术与信息优势，也在不断地通过网络向中国渗透其价值观，打一场没有硝烟的战争，这些负面信息对高校的思想政治教育所产生的冲击也不可避免。

二、文化环境的复杂化

文化环境在高校思想政治教育环境中起着重要的补充作用，随着新媒体的发展，高校的文化环境受到多方面因素的影响，文化环境越来越复杂，高校文化环境也有着较为明显的变化。

（一）网络语言流行于青年人群中

比如："洪荒之力"（足以毁灭世界的力量）、"蓝瘦香菇"（难受想哭）、"套路"（陷阱）、"葛优躺"（样子颓废，生无可恋的样子）等等这些网络热词在青年人群尤其是大学生人群中广为流传，有些高热度的词甚至被刊登在人民日报的期刊上，可见网络流行语已与大学生活息息相关，其以简洁生动的形式，得到了广大青年的偏爱。《咬文嚼字》编辑部公布了2016年十大流行语，"洪荒之力""吃瓜群众""工匠精神""一言不合就XX""蓝瘦香菇"等词上榜。

（二）文化消费的多层次

文化消费是指用文化产品或服务来满足人们精神需求的一种消费，过去的文化消费主要集中在教育，娱乐健身以及旅游观光上，而随着新媒体的发展，扩大了文化消费的内容，媒体消费已经融入了人们的日常生活中，逐步成了一种消费习惯和消费行为。当今以互联网为核心的媒体信息消费，利用便捷的信息传播通道和手段将信息传播的时空差别降到最低，而生活在如此环境中的大学生，媒体消费已成为他们日常生活中的一种基本消费，投入时间和金钱在以获取信息或精神层面的满足已经成为一种基本的和习惯性的消费。在当今的大学生中，网络游戏类的消费，付费视频和音频的消费（包含 IP 产业）占据着主导地位，当今十分流行的网络主播打赏消费以及付费知识版权类（如知乎 LIVE，分答，微博问答）的消费以及基于互联网＋所产生的线下实体类文化消费也在大学生的消费中逐步占据一席之地。

（三）网络文化对当代高校文化环境的影响

当今，网络文化毋庸置疑地影响着高校文化环境，现今的大学生多为95后，个性鲜明，敢爱敢恨，一方面，他们爱憎分明，个性明显，自信而又自负，愿意明确地表达出自己的想法。但另一方面，他们强烈的个性常常会导致他们缺乏冷静思考，总是不顾客观事实或是在没有周全考虑的情况下就狂热地支持或是激烈地反对某一事物。同时当今的大学生几乎无时无刻不与互联网接触，其性格特点与为人处世的方法也会潜移默化地受网络文化的影响，以下我们主要从网络游戏与文学，社交媒体以及网络直播这三个与大学生接触最紧密的方面来进行简要分析。

1. 网络游戏与文学

网络游戏与网络文学是大学生接触较多的两大互联网产品，他们乐于在网络中畅读自己喜欢的书籍，聆听喜欢的歌曲，也喜欢在游戏中获得乐趣以及宣泄情绪，网络游戏和网络文学具有交流的互动性、内容的多样性以及操作的自由性，因而成为大学生表达思想和情感的便捷工具，然后与此同时，充斥在这两类互联网产品中的负能量（例如暴力，色情等）也会影响着他们的受众者，一些充满色情暴力的网络书籍以及比比皆是的因沉迷网络游戏而荒废学业的事例也在不断提醒着当代的大学生要合理地去阅读和游戏。

2. 社交媒体

如今，社交媒体已经渗入到大学生生活的方方面面，成为他们了解社会，获取社会经验的途径。当今大学生通常会通过社交媒体去了解新闻时事，并乐于通过评论去发表自己的理解和看法，他们也会经常通过社交媒体发布自己或身边人的生活状态，并乐于通过社交媒体结识新的朋友。随着互联网的发展以及移动社交媒体的广泛使用，给大学生带来了全新的虚拟与现实共存的社交方式，深刻影响着大学生的价值观念和行为方式，同时也影响着当今高校的文化环境。但与此同时，充斥在社交媒体中的负面信息，例如一些网络谣言，违法信息以及网络诈骗也会对大学生甚至是高校文化环境带来负面冲击。

3. 网络直播

伴随着 2016 年直播元年，网络直播悄然兴起并迅速发展，大学生群体是其中的重要组成部分，许多大学生乐于用观看直播的方式打发闲暇时间，也有一部分学生则加入到了网络主播的阵营中。网络直播这种新型的媒介通过其便捷性和强有力的互动性使人们足不出户就能了解外界的人与物，有利于高校学生更全面地认识社会，但其中一些低俗淫秽以及负能量的直播演出也会对大学生的社会观和价值观产生负面冲击，这需要直播的主体方加强监管的同时，大学生要有正确的三观认识并提高自己辨明是非的能力。

综上所述，新媒体时代下网络文化对高校文化环境乃至整个社会文化环境都有着举足轻重的影响，就文化价值来说，其促成了文化传播方式的改变，由单向传播向互动式传播发展；就社会价值来和社会交往来看，网络文化已成为大学生群体特有的生活态度和生活方式，依托于互联网的社会交往也打破了传统的社会交往模式，极大丰富了社会交往的内容。但是，我们也不得不承认，新媒体对于高校的思想政治教育有着严重的负面效应。这是因为，高校的思想政治教育主要由主流文化和精英文化为基础，而在新媒体环境影响下，高校的思想政治环境已经发生了较为明显的变化，传统的思想政治教育失去了其原有的文化环境已成必然，新媒体时代下的思想政治教育的有效开展，离不开与之相伴的文化环境的辅助，否则就会使教育演变成单纯的说教，难以实现社会道德的有效传递；其次，在新媒体时代，高校思想道德教育工作者的权威在逐渐丧失，新媒体时代动摇了以往传统的知识传承习惯，技术文化已经超越了传统人文知识文化而在高校文化环境中占据主要地位，这便使得富有创新精神且易于接受新鲜事物的年轻一代大学生群体成为新文化的拥有者，进而弱化了传统高校思想教育工作者的权威，对高校文化教育产生了负面影响。最后，在新媒体时代下，社会道德标准被娱乐化的趋势愈发明显，网络文化中的许多负能量被当代大学生所吸收，使其树立了歪曲的社会观，道德观和价值观，面对如此的文化环境，关注重建当代大学生的社会责任感，诚信原则以及树立正确的是非观，已成为新媒体时代高校思想政治教育亟须解决的问题。

新媒体以其传播快、覆盖广、影响大等特点，在新闻宣传和舆论引导方面日益发挥重要作用。官方新媒体公众账号已成为校务公开、服务师生的重要载体，成为密切联系师生、改进工作作风、引导校园舆论、塑造学院形象、建设网络文化的重要措施。

高校各系、各部门要按照党管媒体的原则，增强对互联网发展的适应性，主动把握网络舆论导向的主动权，学院提倡各系、各部门和学生组织建设必要的官方新媒体平台。本书所指新媒体包括但不限于微博、微信、抖音、小程序、社交网站（如人人网）、移动客户端（APP）、网络视频、移动电视等在新的技术支撑体系下出现的媒体形态。

三、技术环境的多样化

技术环境对高校的思想政治教育环境起着重要的支撑作用，而当今在新媒体的广泛应用下，给高校的思想政治教育的技术环境带来了很多变化，有积极的方面，也有消极的影响，我们从三个方面来分析新媒体下技术环境的改变所带来的利弊。

（一）信息传播渠道多元化

新媒体与传统媒体相比，信息量大、信息面广，而且新媒体依托互联网技术的高速发展，形成了涉及全面领域的网状体系，与传统媒体相比，其传播量更大且传播速度更快。在新媒体时代下，教育者可以通过互联网的终端应用获取大量的信息资源，比如通过登录门户网站搜索相关领域的相关知识；关注微博自媒体和微信自媒体的公众号观看新闻和社会热点事件；登录知网查询资料，查阅文献，了解最新的研究发展动态。同时多元化的信息环境也能使大学生通过新媒体随时随地获取相应的知识，大幅提升了思想政治教育的传播效率。但与此同时，多元化的信息传播渠道所传播的海量信息也包含许多腐朽思想以及消极观点，这对于那些涉世未深的大学生来讲，如果只被动接受而不去主动思考，势必会影响他们的道德观和社会观，与高校所传播的社会主义核心价值观产生背离，带来负面影响。

（二）人际关系虚拟化

随着新媒体技术的广泛应用，逐渐改变了人际关系中面对面的交流传播方式，如今人人都可以是信息的发布者、消息的传播者，人际关系呈现出虚拟化，首先，它对于高校的思想政治教育有着积极促进的作用，这种虚拟化的人际关系可以让大学生畅所欲言，有利于教育双方进行真实的交流，使得高校思想政治教育者可以拉近与学生的距离，了解到他们内心真实的想法。但是人际关系虚拟化的副作用也暴露无遗，在网络中，由于缺乏必要的监管，同一个人的身份可以是多重的，任何人都可以使用不同的姓名，性别和年龄与他人交流，久而久之会使人与人之间在现实生活中的距离越来越远。同时，由于网络监管机制还不完备，道德与法律的约束作用较小，大学生们的素质状况不一、自我约束能力较差，可能会出现较为极端的行为，后果不堪设想。当前，高校思想政治教育的改革进程远远跟不上新媒体发展的步伐，这也需要高校思想政治教育者作出更多的努力和尝试。

（三）教育平台多样化

传统的高校思想政治教育主要以课堂为主，而新媒体技术为高校的思想政治教育塑造了全新的平台，在教育通道上由传统的单向单维度向多角度、多维度转换，同时也依托互联网技术实现了视频、音频授课以及手机移动端的授课，使得传统思想政治教育平台由单一化向多样化转变。但教育平台的多元化也给大学生思想政治教育舆论导向控制增加了难度，不同平台的教育导向可能千差万别，且不能保证每个平台的导向都是积极正能量，网络监管难度也较大，从而使得舆论引导在高校思想政治教育工作中的效果明显减弱。

社会、文化、技术是新媒体对高校思想政治教育环境影响最大的三个方面。社会环境的时代化、文化环境的复杂化、技术环境的多样化是其最鲜明的特征，只有把握好这三者的关系，高校思想政治教育才能与飞速发展的新媒体并肩齐驱，借助新媒体这个推力更好地发展。

第二节 新媒体对高校大学生的影响

一、新媒体环境影响大学生思想政治教育的理论基础

（一）社会存在和社会意识关系理论

唯物主义历史观认为社会存在和社会意识的关系是辩证统一的，它科学地指出了社会历史也具有物质性。马克思主义认为："社会存在是处于第一性，社会意识处于第二性，社会存在的变化决定社会意识的变化，社会意识反映

了社会存在。"社会意识具有相对独立性，正确的社会意识对社会存在的发展具有促进作用，错误的社会意识对社会存在发展具有阻碍作用。社会意识和社会存在辩证关系的理论是新媒体环境影响大学生思想政治教育的理论基础，主要表现在以下两个方面：

第一，人的思想意识的形成和发展受社会存在的影响，由社会存在决定。外部环境作为一种客观的物质存在，能够影响到人们的思想意识，所以思想政治教育必须充分认识教育客体所处的环境，充分认清外部环境对思想意识的影响，并把握其规律，这对大学生思想政治教育的有效开展具有重要意义。新媒体环境作为一种客观的社会存在，它的存在是不以人的意志为转移的，新媒体环境对思想政治教育的环境产生了重要影响，改变和影响了教育客体的思想意识，从而影响了思想政治教育的效果，必须充分认识新媒体环境下大学生思想政治教育的各种因素之间的相互作用，只有这样，才能让大学生思想政治教育运行的各个系统要素适应新的环境。

第二，人的思想意识具有相对独立性，表现为对社会存在的反作用。现实社会中，人们是在思想意识的指导下进行改造世界的活动，而正确的思想意识才能帮助人们顺利进行改造世界的活动，错误的思想意识会阻碍人们改造世界的活动。新媒体环境下大学生思想政治教育过程中，大学生具有主观能动性，能够充分发挥自身的主观能动性。然而由于新媒体环境的复杂性，大学生思想意识难免会产生偏差，所以，其错误的思想意识容易对大学生思想政治教育的开展造成一定的阻碍作用，必须引导大学生积极应对新媒体环境，引导其正确思想意识的形成，为思想政治教育提供正确的意识指导，抵制错误意识的干扰阻碍。

（二）人的全面发展理论

人的全面发展理论是马克思主义理论中的重要科学理论，它为我们确定教育方针、教育目的提供了重要理论依据，马克思主义的最高价值目标是实现每一个人自由全面发展。马克思主义认为，个人的全面发展是相对于个人的片面发展而言的，它的本来含义是指每一个人的智力、体力在社会生产过程中尽可能多方面地、充分地、和谐地发展，生产劳动和智育体育相结合是造就全面发展人的唯一方法。新媒体环境下大学生利用新媒体技术进行交往，从而交往形式变得多样化，有利于大学生人际关系的发展，使大学生的社会关系丰富。大学生作为社会的一员，其全面发展离不开社会，新媒体丰富了大学生社会人际关系，为其实现全面发展打下了社会关系基础。必须积极引导大学生健康的社会关系的形成，这样才能有利于大学生全面发展。

（三）大学生思想政治教育理论

第一，思想政治教育方法论。思想政治教育是教育者对受教育者实施教育影响，而实施教育影响的手段叫作思想政治教育方法。思想政治教育方法在思想政治教育过程中具有重要意义。思想政治教育方法不是一成不变的，要根据教育对象和教育环境的变化而进行有针对的选择，要随着环境的变化而变化。如果不注重客体环境的变化，盲目采取思想政治教育方法，思想政治教育效果将不明显。新媒体环境下，原有的方法已经不适用于新的环境下的教育，必须充分认识客体和环境以及其他因素的变化，科学使用思想政治教育方法，才能达到良好效果。

第二，思想政治教育载体论。思想政治教育的载体是思想政治教育活动的一种形式，它承载着思想政治教育的因素，并能传达思想政治教育因素给受教育者，且教育者和受教育者可借此发生作用，是思想政治教育过程中不可或缺的因素。它的表现形式有很多，如活动载体、管理载体和大众传媒载体等。教育者正是借助这些载体对受教育者施加教育影响，从而达到一定的教育目的。要成为思想政治教育的载体就一定要同时满足两个条件：一是这种形式必须承载思想政治教育的信息，包括目的、内容信息等，同时能为思想政治教育者所操作和把握；二是这种形式必须把教育主体和教育客体联系起来，并使主客体发生互动。所以，思想政治教育过程具有互动性。新媒体具有承载、传递信息的功能和联结主客体的功能，是思想政治教育的重要载体。充分利用新媒体，加强对新媒体的管理，使之适合大学生思想政治教育，适应了中国特色社会主义和谐社会的要求，有利于大学生思想政治教育的有效开展。

第三，思想政治教育环境论。环境是一种客观现实，这种客观现实是在人们周围存在的，并能对人的思想产生影响，也可以说是人们生活在一定范围内的外部条件的总和。思想政治教育环境首先会对教育对象的思想意识的形成和发展产生影响，其次对思想政治教育活动也会产生影响。思想政治教育的环境是一个特殊的环境系统，其特殊性表现在，这个环境只有对思想政治教育活动和教育对象的思想意识的形成发展产生作用时，才会被称作是思想政治教育的环境。也就是说，思想政治教育环境因素是由环境中那些与思想政治教育活动和人的思想品德形成和发展有密切关联的因素所构成的。新媒体作为思想政治教育的环境因素，能够对思想政治教育活动和教育对象的思想意识造成重要影响，所以必须充分认识新媒体环境对大学生思想政治教育的影响。

二、新媒体对大学生的影响

（一）生活方面

新媒体技术的发展，使得多样的媒体形式已渗透到大学生生活和学习的各个方面，对大学生的衣、食、住、行等都起到了深远影响。比如，基于网上购物平台的不断完善和物流水平的提高，新媒体改变了当代大学生的购物方式，比较有代表性的就是在淘宝、天猫等购物网站上消费，购买生活所需。

新媒体的应用，不仅使大学生的生活发生了深刻变化和积极影响，其另外一个重要应用就是在通信方式上提供了多种多样的平台，例如腾讯旗下的QQ聊天、新浪微博、Email等，这些大学生喜闻乐见的网络交流平台和他们的生活适应性良好，极大简化常规通信的繁杂，克服了信息交流的地域限制，增进了不同个体间的交流密度，继而拉进了大学生之间的距离。客观来讲，新媒体的广泛应用给当代大学生的日常生活、学习以及交际都带来了众多好处，但不可避免地也致使一系列问题的出现。笔者通过广泛调研，就新媒体给大学生生活带来的负面影响，从不同方面总结如下：

1. 打破了传统的生活习惯

新媒体技术提供了形式多样的诸如网游、博文、论坛、聊天工具等适用于电脑或手机的APP，大学生在生活中会对此产生强烈依赖，花费大量时间，使他们宁可少接触家人和朋友，也不愿离开手机和网络，这种生活方式已然成为现代大学生的主流特征。痴迷于新媒体提供的虚拟世界，而逃避真实的生活环境，不重视与现实中人的交际，这种病理性的依赖必然会导致他们的生存问题：他们在网络的虚拟世界里，谈笑风生、诙谐幽默，乐于与从未谋面的人进行交流；但回到真实的生活中却表现的闭塞不通、不善言辞、回避他人，更有甚者无法有感情地与人谈心。一些大学生对新媒体甚至产生病理性的痴迷，他们的生活主调是在新媒体提供的虚拟世界，现实生活的行动多半是在逼迫下进行的，这种状态如果长久地持续下去，会致使他们精神萎靡、故步自封，对真实世界中的人和事愈发没有兴趣，甚至反感、抵触真实生活，没有生活追求，对他们的身体也会带来一系列的负面影响。

2. 淡薄了个体间的情感联系

新媒体渗入到我们的生活中，对传统交际方式产生极大冲击，由此带来的新型交际形式却给人们的关系带来了双面的影响：新媒体的便利高效性质打破时空限制，扩大了人与人之间的交际范围，也增加了个体对外交际的密度；可是，现实的情况反映出，个体间的心理距离实际上是在不断加大，人与人之间渐行渐远。就大学生而言，他们逐渐摒弃了传统的面对面的关怀、对某个问题的座谈及碰面时的寒暄等，转而习惯于透过自己喜好的聊天工具传达自己对别人的关注、关心。可是，这种模式化的交际并不能尽善尽美地展现出交际双方的真实情绪，达不到情感交流的目的，继而疏远了关系。这一负面影响作用于大学生与其父母的交流中尤为明显。随着时代的发展，大学生接触了更多的新鲜事物，也培养了一些对待事物特有的观念，这往往和长辈的认识有较大出入，对某一问题的思考方式也会存在不同，继而影响双方的交流，不断产生隔阂，对长辈应有的礼仪也不再重视。另外，新媒体为适应年轻人个性追求的需要，重视开发所谓"个人空间"，在这个空间里他们可以畅所欲言、展现自我，占用了很多时间，可是他们渐渐地在无意中便减小了与真实生活中人的空间，变得不那么适应现实生活。

（二）学习方面

针对新媒体技术对大学生学习上的作用，多个机构都做过相应的社会调查，其中一项调查结果表明，新媒体技术深刻改变了大学生获取信息的途径和学习方式，在多数方面产生积极作用。大学生进行学习时，利用新媒体信息来源广泛的特点，应用到解决问题的始终。根据调查研究，青岛民办高校大学生中有超过九成的人会使用电脑进行资料浏览和下载，超过七成的大学生经常以电子文档的形式完成作业。

新媒体技术应用到学习中，不仅可以提高工作效率，还有助于大学生快速掌握大量课本外的知识。笔者对四所青岛民办高校大学生的调查结果基本符合上述结论，其中，近七成的受访大学生表示新媒体已经改变了他们传统的学习方式。信息滞后会造成学习和研究工作进展缓慢，新媒体技术有效避免这一问题，保证方便地提供最先进的专业知识，促进大学生知识面的扩展。现实中多数高校鼓励教师与时俱进，把新媒体技术运用到实践教学中，丰富授业模式，更高效地传授知识，这也成为教学改革的一个重要部分。

新媒体技术在提高大学生学习效率的同时，也带来了一些不容忽视的负面影响。新媒体尤其是网络媒体，提供的信息很多都是片段式或者概括式的，并不能详尽系统地对一个问题进行阐述，大学生为快速完成任务，往往不愿深入研究或查找资料，最终只是为了完成任务而进行信息采集，对问题还是没有真正地理解。通过网络可以快捷获取现成答案，有的内容甚至不需要加以修正，长此以往，这就使得大学生习惯了遇到问题就上网搜索，逐渐弱化了其自主思考独立解决问题的能力，对其未来的学习和科研产生负面影响。大学生尚未形成完备稳定的世界观，外界信息会对其产生重要作用，来自网络的大量良莠不齐的观点、态度会改变大学生的原有认识，应激性地做出改变。如果长期接受不良观点的侵扰，他们可能会思维局限，缺乏自主思考。最后，大量的来自新媒体的信息往往是对已有知识的总结，并无太多的创新点，大学生太依赖新媒体而减少真实生活中的讨论、交流，会造成他们脱离现实，创新能力减弱。

（三）心理方面

积极作用：

1. 有助于塑造内涵式大学生

新媒体像一扇窗，打开了个体与世界交流的渠道，大学生可以从这个窗口获得广泛的信息、观点，可以和形形色色的人直接交流，可以获得科研的最新成果，可以发现远在天边事物的变化，这无疑会不断刺激大学生的好奇心，激发他们的探索欲，他们一旦开始研究，会调动起自身的创造力，开发自我潜力。

2. 保障大学生心理健康发展

新媒体对大学生心理的影响主要通过以下两种方式完成，其一是正能量的灌输。艺术化创造的美好事物和现实中发生的正能量行为会通过新媒体传达给大学生，这必然有助于引导大学生追求真善美。其二是发泄消极情绪。大学生因生活压力而产生许多不良情绪，若得不到适时发泄，对身心健康都有影响。新媒体可以提供一个虚拟的世界，大学生可以把生活的压力在这里倾诉，摆脱精神紧张，平复心情，促进心理健康。

除了在新媒体方面关乎大学生心理健康的发展，学校德育建设也对大学生心理健康发展起到积极的作用。

《国家中长期教育改革和发展规划纲要（2010—2020年）》强调，创新德育形式，丰富德育内容，不断提高德育工作的吸引力和感染力，增强德育工作的针对性和实效性。青岛滨海学院是一所民办本科院校。建校以来，该校认真贯彻落实国家教育方针政策，坚持用社会主义核心价值体系教育学生，把德育为先、以德立校作为治校根本，取得了显著成效。

树立德育为先办学理念。青岛滨海学院高度重视德育工作，坚持"植树先培根，育人德为本""要学做事，先学做人"的育人理念，确立"培养明德、践行、善事、创新现代公民"的育人目标，不断完善德育工作立体网络。由学校党委负责制订德育工作总体规划与实施计划，由学校行政系负责实施，下设二级学院德育工作和学生公寓德育工作两条渠道。专门成立公寓学生德育管理委员会，负责推动德育工作进公寓、进寝室；不论评选先进还是发展党员都坚持让公寓学生德育管理委员会参与其中，以调动公寓学生干部的积极性。青岛滨海学院的实践说明，高校做好德育工作，应将其融入教育教学、学生学习生活、学校日常管理各方面、各环节，真正做到全方位育人、全过程育人。

强化理想信念教育。坚定青年学生的理想信念，根本在于使学生真正掌握马克思主义的立场、观点、方法，树立正确的世界观、人生观、价值观。青岛滨海学院坚持充分发挥思想政治理论课主渠道作用，扎实推进社会主义核心价值体系进教材、进课堂、进学生头脑工作。特别是着力深化课程改革，积极探索"问题解析式"教学方法，坚持从学生需求出发，与热点面对面、同学生心贴心，敢于直面学生困惑，善于回答学生疑惑，形成了"讲练结合、问题探究、双主体互动、体验经历"的特色教学模式，大大增强了思想政治理论课的针对性、实效性。滨海学院的实践说明，高校做好德育工作，应积极创新内容、形式、手段，紧密结合青年学生的思想实际和接受特点。

深入开展学雷锋活动。青岛滨海学院长年坚持开展学雷锋活动，把弘扬雷锋精神作为德育工作的重要内容，大力倡导学雷锋从我做起、从点滴做起、从身边的事情做起。着眼于提升学生思想道德素质和文明程度，积极开展倡导文明礼仪、维护校园秩序的校园文明建设和帮困解难、应急救助的社会志愿服务。为每位学生建立诚信档案，及时记录好人好事和不文明行为。学生"思想道德行为表现"成绩、操行评语和各类先进评选，都以诚信档案中的学生操行记录为主要依据。近年来，学校的学雷锋活动取得了显著成绩。青年志愿者协会从 2003 年成立至今，先后组织无偿献血活动 50 多次；大学生志愿者在校园、火车站、码头、汽车站、养老院、幼儿园等建立了 67 个志愿活动点，处处播撒文明、奉献爱心。青岛滨海学院的实践说明，高校做好德育工作，应通过"道德档案""道德评分"等多种方式，建立健全学生思想道德行为综合考评制度和参加社会实践机制。

营造浓厚文化氛围。青岛滨海学院坚持文化育人，着力营造浓厚的文化氛围，让学生在耳濡目染中净化灵魂、提升道德。修建以"两院院士风采""全国道德模范""感动中国人物""校园先进典范"等为主题的文化长廊；打造人文景观，广场上、甬道边、楼道里处处都是道德名言；组建文史、艺术、科教、普法等学生社团 113 个；开展学校科技节、文化艺术节、宿舍文化节等校园文化活动；投资 2000 多万元建设艺术博物馆。滨海学院的实践说明，高校做好德育工作，应坚持有形载体与制度建设相结合，高度重视道德环境和校园文化建设。

解决学生思想和实际问题。青岛滨海学院始终坚持把做好德育工作与解决学生的实际问题结合起来，建立了服务学生综合体系。一是建立学生发展服务体系，帮助学生制订学习计划；二是建立困难资助服务体系，每年发放救助款 100 多万元，帮助经济困难的学生完成学业；三是建立就业指导服务体系，加强人生规划、创业教育指导，帮助学生做好就业准备；四是建立思想教育服务体系，围绕学生关心的热点、难点问题开展校长访谈等，与学生直接交流沟通。青岛滨海学院的实践说明，高校做好德育工作，应认真落实以学生为本理念，尊重学生、关心学生、热爱学生、服务学生，尊重学生主体地位，了解学生需求，注重人文关怀，把解决思想问题与解决实际问题结合起来，让学生切身感受到德育工作的魅力与威力。

3. 帮助大学生实现人生价值

新媒体传递信息具有时效性好、多元性高、空间限制少等特点，可引起社会的共鸣和讨论，大学生接触新鲜事物，视野开阔，有助于他们培养全球视角，看待问题有全局意识。这无疑对他们综合能力的提升有明显作用，给普通大学生提供更多机会实现自我。

消极作用：

1. 新媒体可以对某一问题提供大批量的信息，甚至由一个关键词可以带出大量相关信息，这会丰富知识接触机会，但也相应地带来选择困难的问题

大部分大学生并不能熟练掌握搜索信息的技巧，或者并不愿专注地去发现答案，面对海量信息往往表现得茫然不知所措，身心疲惫。在大学生好奇心的驱使下，他们在浏览信息的时候，又常常被社会新闻或新奇观点所吸引，个人情绪也会随之发生变化，情绪起伏大。基于选择的迷茫感和情绪浮动大，面对新媒体技术的海量信息，大学生会感觉焦虑、疲惫，缺乏目标。

2. 网络交流中，在形式上终归是与虚拟人物的交流，约束较少、自由随意，长期沉浸在这种形式的交流中，就会对真实世界中的交往感到压抑、不适，继而带来交际困难

产生这种情况的原因是多方面的，例如，当代大学生表现出渴望被观注和赞扬的态势，他们从小受到家人的关怀，生活中得到的肯定较多，而对自身不足则视而不见，与同龄人的接触机会并不太多，造成他们的成长环境和走向社会后的大环境有较大出入。他们渴望在虚拟的世界中进行交流，渴望得到别人的肯定。其次，网络世界的丰富多彩，吸引很多大学生不愿走出去，而虚拟的世界只是一种群体创造，和真实世界是不同的，从而恶化了真实交流少的态势。最后，一些大学生对网络甚至产生病理性依赖，不能清晰划分网络世界和真实生活的界线，有的甚至用网络中的态度对待真实的人物，一些暴力行为出现在他们的生活中。面对新媒体技术带来的冲击，抓好这一块工作将是高校思政教育的难点。

3.新媒体塑造的环境给个体较大的自由权限，并缺乏一定的惩戒措施，大学生在现实生活中，缺失态度转变的能力

网络中众多的交流平台提供了一个多元的网络，每个人都可以传播自己的思想，接受不同的思想，进行站队展开争论，这种言论上的接近零约束的自由，会诱导大学生对言论责任感不再重视。通过网络上的言论自由能够使得大学生有自我主见，为将来的社会生活增加辅助，但这一过程的弊端也不容小视。其一，过度自由的虚拟世界导致大学生的自我意识过度强化。在近乎零约束的虚拟环境中，个体间的交流带着强烈的个人色彩，习惯于用"我的方式"去思考问题、解决问题，有时候为了发泄情绪会说出过激的言论，不尊重他人。其二，虚拟世界里没有追责制度，个体行为受到监督管制力度很小，大学生在这样的环境中导致责任感淡化。个体在网络中是以虚拟身份存在，其言行无关其真实社会属性，这就是网络的隐蔽性。在这种隐蔽性的"保护"下，大学生可以选择自己的身份，选择自己的方式去和他人交流，去评论社会上发生的事，而不用关心这会给自己带来的影响。以上两点内容，集中作用于大学生在真实世界中待人接物的态度，网络中的放纵甚至影响到现实中的轻视法规法纪和社会道德。

（四）价值观方面

当代大学生价值观形成受来自新媒体信息的影响较大，在这个过程中，有益的和有害的作用相互交集，共同影响。

积极影响：

1.形成"网络民主"意识

随着网络技术逐渐渗透到人们的生活之中，言论自由得到迅猛发展，自由、民主追求借助网络平台得到进一步实现。针对这一现象，20世纪末期斯劳卡就提出："虚拟现实的政治，是指那些有可能永远地模糊真实和虚幻之间的界线的技术。"这是理论界首次将网络与民主关联起来，对后续研究有重要意义。网络世界的自由度较高，个体可以采用虚拟身份进行对话交流，摆脱了现实中身份、阶级、财富的差别，也没有严厉的法规法纪的束缚，人人可以自由地发表意见，做出评论，交流过程更为平等。

这种依托网络形成的民主无疑是对现实民主的一种发展，这实际上扩大了民主范围，起到了有效的监督作用，加强了社会公民的民主意识。大学生是这个社会有活力、有正义感的群体，他们熟知网络技术，深谙民主自由，对社会中出现的不公、龌龊的事件深恶痛绝，他们乐于揭发黑暗、伸张正义，采取网络扩散的方式，引起大众舆论的关注和热议。在这个过程中，"网络民

主"不仅为大学生提供了众多的机会和平台，也有利于他们逐步增强民主意识。

2. 加强自身主体意识

新媒体技术塑造的虚拟空间，是一个自由、交互的个性表达平台。当代大学生借助他们所熟知的微博、贴吧等形式，对他们所关注的领域尤其社会新闻事件发表自己的意见，提出自己的建议，有时候甚至会引起大家的共鸣和讨论，这种关注会转换成成就感而使得他们肯定自我，主体意识加强。近些年来，大学生对社会问题、政府决策等的关注度越来越高，讨论越来越热烈，他们的主张见解甚至会引起社会、政府的尊重，这给予他们一种社会主人的认同感。大学生采用他们最擅长的方式参与政治活动和社会建设，做出的成绩和贡献得到了大众的肯定，这无疑有助于培养他们的主体意识。

3. 培养开放思维模式

新媒体技术打破了时空限制，让全世界互联交流变为了现实。信息的快速传播，拉进了人与人、国与国的关联，随之而来的国际贸易、科学发展等领域已不再是一国、一人的事，而是所有国家都可以、都应该参与的事，这是人类社会发展的必然。当代大学生经历网络的兴盛过程，他们逐渐培养出乐于接受新思潮的习惯，而新媒体的丰富信息和前沿发展能够极大开阔他们的视野，培养一种全球思维，看待问题打破局限，着眼全局。通过网络，大学生群体不仅可以获得国外信息，还可以直接与外国网民直接对话，了解他们的思维方式和国家文化，这种多面向的学习过程对培养大学生的开放思维有很大的帮助。

消极影响：

1. 缺失稳定的价值追求

新媒体技术最重要的作用，就是构建了一套跨领域、跨时空的交流平台，这个平台是引起当今百家争鸣之势的基础。以极快的速度实现零距离信息交互，缺少信息选择，一些国外糟粕文化、观点也一并通过网络传播到我国，对我国传统价值观带来负面影响。在文化对决中，人们逐渐对长久以来固守的文化、思想失去兴趣，反而以讨论、实践新的西方文化为荣，偏离了正常的思想发展轨迹。对新思想把握能力弱，不能准确辨别真与假，对大学生群体的影响尤为严重。他们的生活环境一直是在"保护"下度过的，并没有真正深入社会体会冷暖，他们的价值观念并未最终成型，受外界信息的干扰缺少正确的判定而容易发生变动。另一方面，大学生青春有激情，乐于跟随自己的好奇心去接纳新思潮，习惯于做浅显判定后就去实践，而不久就会厌烦一种思想而投入到另外一种新思潮的行列中。对不同思想的判定能力较弱而又不断接触新鲜观点，这个过程会造成大学生价值取向变动较大，甚至某一时期的生活是处在多个价值标准的指导下，这会减弱大学生对社会主义意识形态的追求，致使价值取向混乱。

2. 道德水平下降

青年人走向犯罪道路，轻视甚至忽视社会道德的事件时有发生。例如，国内外网络犯罪事件中，犯罪人呈现年轻化趋势，据统计，占了总数 80% 罪犯年龄保持在 20 到 40 岁范围内，其中，有一些事件是高校大学生所为。造成这一现象的原因绝不只是学校的思想政治教育不够严密，还包括当代大学生严于律己意识淡薄，轻视法律效应，可简略概括如下：第一，虚拟世界的身份隐蔽性质是大学生责任感退化的暖窝。参与网络交流的门槛很低，并不强制要求实名制，信息交流是以虚拟人物进行的，彼此言论是数字化处理的，网络中的言行往往不会影响到他们的真实生活，这就给大学生造成一个错误的判断即虚拟世界是没有监督的，是绝对自由的，可以任意发表评论或者展开攻击。这种观点得不到有效控制，就会愈演愈烈，让大学生在虚拟世界中暴露出邪恶的面目，做出一些自己都不会预料的犯罪活动。第二，对新媒体信息传播在法律层面和道德层面都缺少有效的监管制度。我国在这一领域缺失专门性立法，对网络犯罪的惩处也缺失明确规定。社会道德作用力因人物的虚拟化而无处着力，起不到实际作用。面对这一实际情况，高校必须要制定适合本校的规章制度。

3. 滋生"为我独大"价值观念

新媒体建造的高自由度的交流平台，很适合大学生实现个性表达，能有效提高他们"自我"意识，自主性增强，但由此而来的负面作用也不容忽视。大学生生活中言论受到压制，听众也受限，在网络平台上他们受到很少的限制，可以随心所欲地传播自己的观点，致使自我意识膨胀，价值取向以自我为重点。此外，当代社会对财富、荣誉、地位的追求也通过新媒体一股脑地传递给大学生群体，对价值取向不稳定的他们，很容易受到"利益为大"论调的侵染，培养出物质追求的价值取向，继而忽视道德追求，使得价值观念发生失衡发展，没有追求，做事不够踏实。对大学生理想调查显示，当代大学生对社会、政府、国家未来发展的关注度逐渐减少，而物资追求、生活享受、道德水准下降等现象却越来越多，培养大学生正确的价值追求已迫在眉睫。

4. 民族认同感弱化

新媒体继国际贸易之后，进一步把世界连成了地球村，它的作用领域在文化上。在网络交流中，各国文化、思想、观念都会相互交织彼此影响，甚至发生融合，这对世界文化进步是有利的。文化融合也应是求同存异的交汇，而不是一家独大侵占式的融合。就目前来说，由于欧美国家的经济发展水平较高，网络技术较为先进，文化宣传力度较大，使得包括我国在内的发展中国家在网络文化交流中处于劣势。一些西方文化进行包装后，以影视、歌曲、文章等多种形式透过网络平台影响我国民众，致使人们逐渐淡忘本国文化传统，而对国外文化推崇备至。就像我国社科院做的社会调查显示的那样，"互联网在强化了青年地球村村民意识的同时，弱化了他们民族意识，'新人类'的身上本来就带有很强的国际化色彩，而互联网的使用跨越了时空的界限，增强了他们作为地球村村民的意识，这有利于他们在日益'一体化'的世界中生存。另一方面，与这种'一体化'意识相伴的是种族、民族意识的弱化，民族认同感减弱，民族身份逐渐消解。在某种意义上不利于爱国主义思想的形成。"

这是和我们传统意义上的"爱国主义"相悖的。西方国家对网络传播处于主导地位，而我国网络技术发展还需要一定时日，这种发展的不平衡使得我国文化传播受到很大限制。而大学生不能清楚意识到这一现状，出于好奇而盲目推崇新型文化，接受外国一些价值观念，爱国思想淡化，民族认同感减弱。

第三节　新媒体对高校思想政治教育工作的影响

一、新媒体环境对大学生思想政治教育的挑战

（一）新媒体环境下大学生思想政治教育者工作理念的落后性

传统的思想政治教育方法有理论灌输法，也就是平常所说的讲授法，主要表现为思想政治教育者首先具备一定的理论素质，把自身内在的理论知识，通过说教宣讲等方式灌输给受教育者，如我国高校思想政治理论课采取课堂教育方式，且课堂上没有注重学生学习的主体性，灌输教育的方式表现明显。但由于新媒体环境下，信息传播的自由性，大学生的主体性增强，主观能动性得到充分发挥，他们可以自由表达自己的观点和想法。而传统的灌输教育法往往没有充分尊重大学生的主观能动性，一贯地进行灌输教育，容易导致受教育者的厌倦及抵制情绪。其次，以往的各高校往往更加重视网络舆情的硬性监管，比如删除不良网帖等，容易引发学生的抵触情绪，而不是充分利用好新媒体这个平台进行思想政治教育。再次，以往的大学生思想政治教育

中教育者多停留在知识共享的层面即简单的内容罗列。最后，新媒体环境下大学生的学习习惯发生了改变，他们更喜欢把学习和新媒体运用结合起来，而教育者仍然通过传统的书本对大学生进行教育，极大地打击了学生的学习积极性。总之，在新媒体环境下，大学生思想政治教育工作者的观念有些已经不能适应新媒体环境的需要，迫切需要改变教育者的工作理念，以适应新媒体环境。

（二）新媒体环境下大学生产生了对新媒体的依赖性

随着新媒体的发展，人的自主性和自主意识不断增强。但新媒体也存在各种束缚人主体性的因素，在新媒体的虚拟世界里，人的主体性存在逐渐丧失和被消解的危险，表现为新媒体使部分人产生了对新媒体的依赖性。

例如，随着手机通信技术的发展，手机的功能不仅仅是传统的通话和收发短信，已经扩展到了无线上网、QQ、微信等各个方面，手机已经不仅是一种单纯的通信工具，更成为人们获取信息的重要渠道，越来越多的人离不开手机，大学生成为"低头族"。"低头族"就是指对手机有依赖的人群，手机依赖是一种对手机的心理渴求和心理依赖，比如手机没带，就会有心烦意乱的感觉，时不时会下意识地看一下手机，这些都是手机依赖症的特征表现。大学生之所以会对手机产生依赖性，有其深刻的原因。首先，手机新媒体功能的强大性可以给大学生提供多种需求，以至于他们认为手机可以代替人与人之间的沟通与活动。其次，大学生在成长和发展的关键期，对信息和知识的渴求度较高，加上新媒体传播信息快，且信息更新快，很容易引起大学生的兴趣。最后，大学生的从众心理和大学生的自控能力较弱也是导致大学生对新媒体依赖的原因。总之，新媒体在给社会交往带来方便的同时，也对大学生的主体性带来了挑战。

（三）新媒体环境下大学生思想政治教育内容的落后性与复杂性

高校思想政治教育包括目标的确立，内容的选择，教育影响的施加等这样一些过程，其中内容的选择至关重要，所以思想政治教育内容的质量，特别是内容的先进与否直接关系着整个思想政治教育过程的进展及教育效果。先进科学的思想政治教育内容能为思想政治教育良性开展提供有力保证，必须高度重视思想政治教育的内容质量。随着新媒体的发展，大学生群体中，越来越多的人使用新媒体，各种新媒体平台上有着大量的信息，且信息的更新速度快，大学生接受的都是当今时代最前沿的信息，而目前青岛民办高校对大学生进行思想政治教育的内容仅仅局限于课本、报纸等传统的载体，所以出现了青岛民办高校大学生思想政治教育内容的滞后性。

大学生通过新媒体接触的内容大部分都是贴近生活、贴近实际的，而高校课堂传播的内容都是偏理想性而缺乏现实性，偏阶级性而缺乏大众性，如高校课堂传授马克思主义基本观点，以及社会主义的教育，而对大学生实际需要缺乏关注，这些都是大学生思想政治教育内容与时代不一致的表现。其次，新媒体环境由于其传播内容的自由性，加上监管技术及力度的不够，很容易造成不良信息的泛滥，加上外来思想文化的冲击，从而导致传播的内容复杂化。这些都是新媒体环境给大学生思想政治教育内容带来的挑战。

（四）新媒体手段加大了大学生对信息选择的难度

高校思想政治教育工作必须采取一定的手段和措施，才能顺利进行，从而达到预定的目的。新媒体能够容纳大量信息、含有丰富的资源，而且传输速度较快、交互性较强、覆盖的范围较广泛、且信息的表现形式多种多样。因此，很多高校运用新媒体对大学生进行思想政治教育，已经成为大学生思想政治教育常用的重要手段之一。新媒体的传播有自由、随意性的特点，是体现个体性的媒体，因此，在对新媒体信息的选择以及传播的管理与监控方面都具有很大的难度。高校在进行思想政治教育时，会接触到大量的网络信息，教育者可以对大量的信息资源进行筛选，选出有针对性的时事材料、理论成果、典型事例，并灵活地利用其进行思想政治教育活动。在这一过程中需要人们对网络信息价值进行分析，从而对信息进行判断和取舍。然而，随着新媒体技术的发展，大学生对信息选择的难度不断加大。从网络媒体方面看，由于网络环境相对自由，所以用户在使用网络的过程中各方面的限制性相对较小，网络上信息的发出者为了自身的利益，而发出一些不符合实际的信息，甚至是虚假有害的信息。对于网上的一些信息受教育者很难追查其真实来源，也很难核实其可靠程度，这一点甚至也被不法分子所利用，在这种背景下，大学生对新媒体信息的选择难度加大，教育者对大学生进行信息选择的指导也具有很大的难度。大学生在面对大量的信息时也显得不知所措。总之，新媒体在传递思想道德知识的过程中具有很高的效率，但是新媒体信息量大且选择具有矛盾性，所以在面对这些现状时，高校思想政治教育者必须正确引导大学生的行为，对信息进行科学理性的选择，使思想政治教育的目标顺利达成，这都是新媒体环境下高校思想政治教育面临的挑战。

（五）新媒体环境下大学生思想政治教育环境面临霸权文化与多元文化冲击

新媒体环境是个开放性的环境，加上各国的历史条件和社会背景的不同，导致网上传播的文化呈多样性特征。特别是美国凭借其技术优势，其国家文化已成为互联网上的流行文化，并逐渐对他国的文化产生侵蚀作用。网络文化领域的霸权现象多种多样，但总的来说都是采取种种措施，对文化的交流形成一种障碍，达到一种文化的霸权目的，如互联网上的"英语文化"的盛行就是西方网络霸权文化的重要表现。

新媒体技术下的网络文化不但存在霸权主义的文化，同时霸权主义文化也是与多样性文化并存的。网络中的文化是基于现实世界中的文化的，由于各个地区与民族之间的文化各有不同，反映在网络中的文化也会多种多样。同时，文化与政治也是有着密切关系的，当今世界政治是多极化格局，文化也必然呈现出多样化的特征。然而，每个国家都有自己主导的意识形态，都是独立的主权国家，必然有各自的主导性文化。因此各国的主导性文化的不同也就使得网络中的文化多种多样，呈现出多样化的特点，即网络文化的多元化特征明显。所以，大学生思想政治教育就会受到霸权文化与多元文化的冲击，这也是新媒体环境下大学生思想政治教育面临的挑战。

二、新媒体环境与大学生思想政治教育的机遇

（一）新媒体环境保证了大学生思想政治教育的主体性

作为思想政治教育的主体，教育者在思想政治教育过程中发挥着重要的作用，承担着重要的职能，充分发挥教育者的作用和职能，能够保证思想政治教育工作有序开展。随着新媒体的发展，教育环境发生了改变，大学生思想政治教育的主体性活动也发生了一定的改变，传统的媒体环境下教育者主要是面对面的讲授理论，而新媒体环境下教育者多利用媒体技术进行信息的发布，首先必须发布健康向上的信息，阻止一些不健康的信息进入新媒体平台，从而教育大学生积极向上，使思想政治教育达到一定的积极效果。新媒体环境下大学生思想政治教育中教育者有以下一些特点：第一，具备一定的信息素养、网络技能，这是在新媒体环境下教育者必须具备的基本技能和素养；第二，教育者必须具备良好的品格，充分了解大学生的思想实际状况和身心发展规律，并不是简单的口头教育，而是达到教育者与受教育者心与心的沟通，引导大学生全面发展。

传统的课堂面对面教育中，教育者与受教育者在沟通方面往往不能顺利进行，主要是由于教育者有着自身的思想特点和思想水平，受教育者与教育者的思想水平以及规律都很难契合，所以很难达到教育目的。同时传统教育中教育者往往在地位上被看成是在受教育者之上，这种观念对思想政治教育的开展造成了障碍，使教育者与受教育者之间产生隔阂，从而很难取得一定

的思想政治教育效果。在新媒体环境下，教育者和受教育者可以通过具体的新媒体平台进行沟通交流，这样以往面对面交流的隔阂就消除了，同时紧张感也消除了，自然平等地交流沟通。因此，在新媒体环境下教育者和受教育可以更好地发挥各自的主体性，达到良好的思想政治教育效果。

在大学生群体中，由于受环境以及自身心理特点的影响，有些大学生容易出现一些各种各样的心理问题。在传统的思想政治教育环境中，大学生不愿意把自己的心理问题说出来，往往是独自承受，憋在心里，以至于日积月累引发更严重的心理疾病。在新媒体环境下，大学生可以利用网络平台把自己想要表达的状态发布到网络上，也可以利用网上聊天工具与教育者沟通，如把自己的心理问题通过 QQ 空间的说说以及博客的形式表达出来，通过这些网络平台，大学生在传统媒体下的被动接受转变为新媒体环境下双向互动，大学生的思想政治教育过程中的双方主体性不断增强。

（二）新媒体环境增强了大学生思想政治教育的吸引力

在大学生思想政治教育过程中，教育者对受教育者所施加的教育影响起着重要的作用，这样很容易认为教育者占主动地位，而受教育者是占被动地位，这一理解显然不准确。受教育者并不是完全被动地接受教育者对之施加的教育影响，而是具有一定的主动性，也就是常说的能动的反作用。这种反作用是教育者与受教育者之间的双向的认知、互为作用的关系，并因此形成一种教育合力。正是这种合力的影响与作用，从而推动着思想政治过程的有序进行。新媒体首先是一种信息传播的工具，但是相对于传统媒体而言，它形式新颖，更加具有感染力。利用新媒体，可以使教育者和受教育者之间达到双方的互动，从而调动了大学生学习的积极性、主动性。比如通过对青岛地区民办高校调查显示现在的大学生有 80% 以上喜欢在网上利用网上聊天工具与人沟通，可见大学生中大多数人是渴望并乐于与人沟通的。在网络中，由于空间的虚拟性，大学生更加容易把自己的内心敞开，交流过程中更容易达到一种潜移默化的效果，从而增强思想政治教育的实效性。

在传统媒体环境下，大学生思想政治教育主要是采取理论的灌输式的方法，主要是教育者把自己所领会到的知识通过自己口头的表达，以纯理论的形式讲授给受教育者，使受教育者在思想上接受观点，经过内化与外化，达到教育目的。但是由于受教育者有着自身的思想特点，教育者掌握的知识也是有限的，加之传统的灌输式过于单一与枯燥，受教育者往往处于被动接受的地位，容易产生抵触情绪和逆反心理，达不到预期的教育效果。新媒体则集合了电视、广播、报刊等的特点，可以把枯燥无味的一些学习资料，通过音频、视频、动画等的加工，让原本死板的知识变得灵活生动，充分调动了学生的学习兴趣，让思想政治教育过程更加具有吸引力。

所以，新媒体本身具有很大的感染力，能够调动受教育者的学习积极性。让思想政治教育方式更加生动，教育内容也能更容易被大学生所接受，极大地增强了思想政治教育的实效性。

（三）新媒体拓展了大学生思想政治教育的时空性

新媒体技术具有快捷性和开放性的特点，大学生只要具备一定的上网条件就可以查阅资料、搜集信息等，可以摆脱时间和地域的限制。"网络上任何一个网点发出的信息都有可能迅速波及全球，辐射至每个角落"。所以大学生思想政治教育已经不仅仅局限于一定的时间和空间。在新媒体技术支持下的网络上，只要具备了一定的设备和技术，每个网民都是主体，无论身在什么位置，都可以自主发布信息，同时，也可以主动接受自己所需要的信息。

传统媒体环境下思想政治教育多受到时间和空间的限制，必须在一定的场所和一定的时间由教育者实施教育影响。新媒体环境下，特别是网络媒体的发展，思想政治教育平台得到拓宽，如利用网络电子邮件、QQ、微信等就可以实现随时沟通交流。同时，这也充分体现了新媒体的时效性特点。利用新媒体手段进行交流可以随时交换各种信息，使高校思想政治教育打破了时间上的限制，同时，利用新媒体手段也可以没有地理空间的限制。高校已经不再有"围墙"，而是在新媒体环境下更加开放，不同地区和国家的学生可以利用新媒体进行交流，不同学校或者同一学校的老师和学生之间也可以不受时空限制自由地交流。新媒体正成为教育者进行思想政治教育所利用的重要手段，并且优势越来越明显，使大学生思想政治教育更加直观、深入。

（四）新媒体环境形成了大学生思想政治教育的新合力

要使大学生思想政治教育达到预期的效果，必须依靠学校、家庭、社会各方面的共同努力，形成教育合力，才能有效促进思想政治教育。传统媒体环境下，大学生思想政治教育容易受到时间和空间的限制，学校、家庭、社会之间往往很难相互沟通，三者之间难以形成统一的共识，一般是学校起着主要作用，家庭和社会对大学生思想政治教育不重视。大多数学校进行思想政治教育工作主要是在学校课堂内，没有很好地与家庭、社会进行合作。

新媒体环境下，家长利用 BBS、聊天室、QQ 群以及学校网站中的家长信箱，可以方便地得知孩子在学校的表现，同时家长也可以利用这些平台与教师取得沟通，这样大学生的思想政治教育就形成了一种教育合力，思想政治教育过程也就更加科学、合理、有效。同时，大学生思想政治教育不但离不开家庭环境的影响、需要家庭的介入，而且同样离不开社会环境及社会的教育与支持。社会环境中包括各行各业的各种社会组织所组成的环境，各行各业的社会组织都有形或无形地承担着对大学生的思想政治教育的任务，如果社会没有重视对大学生的思想政治教育，那么就是没有承担相应的社会责任。社会环境的影响主要表现在各行各业的社会组织对大学生进行针对社会上的拜金主义、享乐主义以及法制观念淡薄等消极影响的教育。社会组织可以充分利用网络平台，发布正能量、积极向上的信息，使大学生的品格提升，促进其践行社会主义核心价值观。所以，新媒体技术环境下大学生思想政治教育逐步实现了网络化，形成了家庭教育、学校教育与社会教育为一体的教育新合力。

（五）新媒体环境丰富了大学生思想政治教育内容

思想政治教育内容是思想政治教育过程中的一个基本因素。在我国现阶段，思想政治教育的内容主要以社会主义核心价值观的教育为核心。一方面，新媒体环境下社会环境更加开放，信息的传播更加自由化，促进了世界各种文化的渗透，使得新媒体传播的内容多种多样；另一方面，新媒体技术有丰富开放性特点，新媒体平台可以承载多种多样的内容，这就为大学生思想政治教育提供了各种素材，克服了传统媒体环境下思想政治教育内容的单调，使思想政治教育内容更加丰富生动。正是由于新媒体环境下信息的海量性、复杂性，大学生往往对其生活的周围世界产生疑惑，这时就迫切需要思想政治教育者针对大学生提出的问题作出科学回答，引导他们的认知、价值、态度及行为，这些都扩大了大学生思想政治教育的范围。新媒体将思想政治教育的内容不断整合，并糅合在新媒体之中，不断地丰富着大学生思想政治教育的资源，从而不断丰富其内容，如很多高校都利用思想政治教育主题网站进行思想政治教育，网站内容的多种多样，明显改变了以往思想政治教育内容结构单一的弊端，这些都表明新媒体对思想政治教育内容的丰富化起了重要作用。

三、新媒体对思想政治教育工作者的影响

（一）主导地位影响

积极影响：

1.有利于高校思想政治教育工作者掌控工作的主导性

在几十年前，甚至近几年，不少地方的高校都仍旧沿袭着从前那种常规、

老套的思想政治教育方式。传统方式主要是老师讲、学生听，表面上看主要由教师将知识灌输给学生，没有什么不妥。但是，大学生是个思想开放、心思敏感的群体，尤其个体之间心理状态差异较大。古板的教学模式满足不了他们追求新奇的心理，因此教学效率难以提高。新媒体教学方式使原本乏味的思想政治教育课变得有吸引力。首先，新媒体是双向的，教师可以通过新媒体了解大学生心理状态等信息，站在学生的立场上，了解其思想内容，这对解决大学生思想问题非常有利。其次，社会发展日新月异，新媒体收集信息范围广、速度快，在如今社会中出现的一些新的问题能够凭借新媒体及时、迅速地传播开来。这种问题往往反映了在如今新时期人们心理状态出现的变化，因此对事件只需进行必要的处理，就能成为典型的教育案例。并且，由于这些案例是真实的，就存在于现实之中，这能使大学生感觉到思想政治教育更贴近生活。既新潮生动，又解决了传统方式教育枯燥的问题。再次，新媒体包括多种多样的方式，教师能充分发挥能动性，将文字、声音、图画交织在一起，从视、听、说各个方面带给大学生感官刺激，让大学生逐渐对思想政治教育课程产生兴趣。

2. 有利于高校思想政治教育工作者增强工作的互动性

在传统思想政治教育中，教育工作者更为主动，因此为教育的主体对象；学生多被动，为客体。主体与客体做到足够的沟通，才能实现教育的意义。而在我国多所高校中都存在这样的问题：高校中教师与学生，即主体与客体之间能否进行充分的思想交流，是决定教育成功与否的关键因素，但很多高校教师仍然不能转变观念，自恃为老师，将自己与学生放在一个不平等的地位上，这必然地导致主体与客体之间交流的障碍。在以新媒体为主的今天，网络是一个虚拟的空间，任何人，不论年龄、学历、地位，都能自由发表自己观点。这一特点将教育者与被教育者的距离拉近了，教师无法再保持其原先的高姿态，而必须与学生平等互动。在这样的教学环境中，师生关系更为融洽，教育者在教育中的主导地位会更加被尊重。教师可以进一步了解学生所想，了解学生心理状况，进而针对大学生中普遍存在的思想政治问题制定解决方案。

3. 有利于高校思想政治教育工作者实现工作的高效性

在大部分高校中，所采用的传统思想政治教育方式是通过课堂参与、师生间的相互交流。然而，这些方式虽成熟，但是没有新意。在发展速度日益加快的今天，传统教育方法难免显现出其落后的一面。如今新媒体以快速、普遍的特点，弥补了原本传统教育的劣势。它无所不在地记录着社会生活中的点点滴滴，这为思想政治教育提供了最好的事件和案例，以真实鲜活的事件来进行教育，改变了传统教育中效率低的局面。新媒体具有多种新型特点，能够不受时间与空间的束缚，网络覆盖在每一个角落。只要有新媒体，就能随时随地向全世界分享最新、最热的时事。时事动态往往体现大众的最新的思想变化，教育工作者可以借此深入了解大学生问题，进而找出解决方法。新媒体还能以个性化的方式，将教育内容以最快的速度传播出去，让大学生更容易接受；另一方面，新媒体使得教育地点不再仅仅是教室等规定的地方，而是可以通过手机、电脑等媒介随时随地接受教育，因此思想政治教育的效率被大大提高。

消极影响：新媒体在高校思想政治教育工作中的积极影响的确有很多，但新媒体并不是完美无缺的，以下本文将介绍新媒体的几点不利之处：

1. 高校思想政治教育主导地位的权威性受到一定消解

在使用新媒体教育方式的课堂上，教育工作者与被教育者都是平等的，没有地位上的差别。这虽然使师生更为和睦，但也带来了一些问题：首先，新媒体面向所有人，而不仅是教育主体。大学生也都具有接受新媒体的能力，并且，高校思想政治教育工作者并无过多关注新媒体的时间，绝大部分教育工作者需要兼顾工作与家庭的事务。大学生相对自由时间多，又普遍容易接受新事物，对新媒体热衷程度远高于教育工作者，因此往往大学生通过新媒体得到的信息量更大。大学生在新媒体信息资源方面了解更多，给一些教育工作者的权威带来了威胁。其次，网络是一个看不见摸不到的虚拟空间，任何人都可以在网络中畅所欲言。大学生不愿再接受教师的强制灌输，而更愿意选择能令自己信服的观点。他们会自己从形形色色的观念中选择自己认可的，而不再是像传统思想政治教育方式那样对主体教授内容全盘接受。传统的教育工作者拥有较多的信息途径，在教育过程中占有理所当然的优势地位，而新媒体的出现使这种优势慢慢趋向于消失，教师在学生眼中不再是绝对的权威。尤其，目前仍有部分教育工作者没能适应新媒体思想政治教育的特性，方式依然老套，更加剧了主体权威地位受到的威胁。

2. 高校思想政治教育主导教育的思想性受到一定损害

当前这个时期的思想政治教育处于传统方式与新媒体方式的过渡阶段，部分教育工作者不能适应新媒体教学，表现出两种过度的状态：第一，认为新媒体有害无利，继续沿用传统教学模式。这造成的结果是教学模式严重落后，更得不到学生的认可，甚至其中一部分较为古板的老师招致学生们的反感；第二，则是另一种截然相反的情况：为了达到与大学生思想观念一致的目的，而对新媒体全部肯定、过度追捧。更夸张的是，有些老师作为思想政治教育工作者，却自己都做不到坚持社会主义，而是向大学生宣传资本主义，认为资本主义优于我国的社会主义制度。教育工作者表现出的这两种极端态度，究其原因都是没能深入了解新媒体。新媒体的确有糟粕，但整体还是利大于弊。这两种观念不仅都阻碍了新媒体在思想政治教育中的运用，还使教育者自身思想出现问题，更不利于教育大学生的思想向正确的轨道发展。

3. 高校思想政治教育主导方式的有效性受到一定弱化

新媒体出现后，时空不再是局限信息传播的因素。即使隔着千山万水，需要时也能第一时间开展教育工作。但是，这也削弱了传统教育方式中，以面对面的课堂教育、交流谈心等原始方法为主的自然性。传统教育方式的确有不适应社会发展的地方，但是也有些优点值得继承。与冰冷的手机、电脑相比，面对面的方式更具温情和人情味，主体与客体都能通过观察对方的言语神态、肢体动作等，体会对方的心理变化。新媒体不具备这一特点，如今大学生通过网络进行社交活动，一定程度上减少了实际生活中的社交，这也对他们认识他人、表达自己的方式产生影响，又因新媒体具有很大的自由性，人们的思想可以通过新媒体得到最大限度地传播，社会中人良莠不齐，大学生也有很大的概率接触到不健康的信息，进而对其产生负面影响。由于我国网络起步较晚，在网络监管方面经验不足，监管制度目前仍有不足，也加大了思想教育的管理难度。传统的教育方式是通过教育工作者的言传身教使被教育者逐渐被熏陶，与之反差巨大的新媒体影响力大、速度快。如何正确利用新媒体来提高教学效率，减少其在教育中的一些不规范之处，对许多高校来说仍是一个值得深究的问题。

（二）教育模式影响

积极影响：

1. 拓展了高校思想政治教育

长久以来，传统教育方式对思想政治教育发挥了不可磨灭的作用。由于曾经信息技术落后，思想政治教育所需的素材信息等不够丰富，接受教育的客体局限在一个小范围之内，教育工作者们思想观念没有创新，都造成了高校思想政治教育的效果不显著。社会进步日新月异，新媒体将信息最大程度地呈现给人们，使教育资源大大丰富。首先，可以从新媒体中包含着的大量的、难以计数的信息看出，新媒体可以将网络中充足的资源用以丰富思想政治教育。与此同时，由于新媒体信息表现出多样性特点，教育工作者对信息可以拥有更多的选择；其次表现在新媒体真正使地球变为"地球村"，全球各地人们都能通过新媒体迅速产生联系，各种信息也能随时共享，来自全球的资源对扩充政治教育内容起很大帮助；教育工作者通过新媒体能迅速完成最大量的信息收集，将其中具有教育意义的材料作为教材，用于完成对大学生的思想政治教育，提高教育效率。最后，新媒体以其多种多样的表现形式，改变了传统教育方式的枯燥、呆板，用三维动画、音频、视频等技术使思想政治教育变得生动，学生的学习热情也被激起。

2. 更新了高校思想政治教育工作者的教育方式

第一，传统教育老师与学生接触的信息途径都很有限，信息获取相对比较闭塞。新媒体为人们提供了更多得到信息的途径，使教育工作者在工作中、学生在接受教育时，都能有充分的教育信息；第二，即使在大学，仍旧有许多学校采用中学那种填鸭式教育法，传授给学生固有的、死板的东西。新媒体改变了这种情况，在课堂上以学生为主，老师为辅，充分调动大学生思考和研究的积极性；第三，传统的教育方法是教师授课、学生听课，教师将自己的知识传给学生，师生关系不平等。新媒体为每个人都搭建了一个平等的舞台，所有人都能利用新媒体的舞台进行与彼此的沟通，这使得教育的主客体直接不再有代沟，教师与学生们相互学习，吸取对方身上的闪光点；第四，新媒体让思想教育工作者开始扮演为受教育者服务的角色。传统教育中，学生必须对老师唯命是从，而新媒体更倾向于对学生进行引导，启发他们自己去探索和发现，激发学生利用和学习相关信息的热情，由此其教育效果就更为显著。

3. 丰富了高校思想政治教育工作者的教育手段

随着新媒体在高校学生中的普及，学生对其热衷程度越来越高。这不可避免地引起教育工作者的关注，尤其思想政治教育工作者倍感当前教育方式已落后，必须灵活使用新媒体教学才能不被时代潮流抛弃。思想观念发生变化之后，高校思想政治教育方式的改革进行得更加顺利，各种教育手段层出不穷。高校学生熟知新媒体社交，QQ 等社交软件几乎覆盖所有学生的手机、电脑。高校教育者正是充分利用这一现状，以这些多样的途径来加强对学生思想状况的了解，这已成为高校进行思想政治教育的新的方法，本文以青岛民办高校贴吧为例来具体说明：在各个高校的贴吧中，都有许多学生畅所欲言，将自己对学校，对某一老师，或者对某同学的不满、喜爱毫无顾忌地表达出来，贴吧中往往都是大学生们最真实的想法。对思想政治教育工作者来说，经常浏览学生关注的贴吧来了解其思想内容，是一个不错的选择。也可以利用这些受欢迎的手段，将思想政治教育内容传播开来，用这种新的方式实现师生间的互动交流。青岛民办高校的思想政治教育工作者可以经常关注一些学生的社交活动和方式，通过关注这些可以去进行更深入的了解学生们的思想内容，才能更好地去与学生进行思想上的交流和教育。

消极影响：

1. 新媒体的发展使高校现有的思想政治教育模式受到冷遇

新媒体教育方式的兴起使得传统教育方式受到了极大的冲击，人们在这个新媒体出现的初期不可避免地出现一定程度的迷茫。新媒体主要通过网络来传播分享信息，而网络是虚拟的，不同于现实生活。在网络世界里，人们在现实中习惯的一些方式都需要发生改变。这种改变对高校思想政治教育有许多不利：首先，大学生普遍接触新媒体较多，受网络影响大，虚拟的环境下的交往、认知等方式都可能影响到其在现实中正常的生活状态，在不知不觉中习惯于虚拟空间的方式，从而对学校的教育模式产生不适应，甚至反感。其次，教育工作者熟悉的从前的那种传统教育模式日趋落后，在教育方法、教育思想上都缺乏科学理论的指导，与新媒体相比显现出许多弊端。新媒体教学是时代进步的必然产物，如何将新媒体的特点与思想政治教育完美融合，依然任重而道远。

2. 新媒体的发展使高校现有的思想政治教育引导功能受到制约

新媒体出现之前，负责社会价值的宣传、承载等工作的主要是新闻一类的媒体，并在国家政府的指导之下。在新媒体出现之后，各种各样的媒介先后问世，虽然新闻仍旧是传播社会价值的重要途径，但是已不再占主导地位。在丰富了传播价值的方式的同时，新媒体也出现了新的问题。新媒体以网络为依托，网络的虚拟性等使得新媒体所传播的内容良莠不齐，既有积极的、正面的内容，也有消极的、负面的内容。更有甚者，许多不法分子利用新媒体宣扬违法的、反动的思想，散布虚假信息。大学生还未踏入社会，社会经验不足，辨别是非的能力也不足。强烈的网络文化冲击可能会造成其价值观的扭曲，进而加深了思想政治教育的难度。既然选择了新媒体教育，在享有其优势的同时，也必须深刻理解新媒体的弊端。在如今改革教育模式的时期，克服新媒体这一缺陷也是高校教育工作的重中之重。

（三）自身素质影响

积极方面：

1. 拓展了高校思想政治教育工作者的视野

如今的信息时代，人们的生活与工作都离不开新媒体。新媒体带来的信息量是无法估量的，而这也势必给人们思想带来很大的变化。新媒体在出现的短短数年内就得到了广泛的接受与认可，这与其能充实人们知识、拉近人们之间距离、实现信息共享等功能都有密切联系。高校思想政治教育在网络普及的基础上，得以更为顺利地进行。高校思想政治教育工作者能开阔眼界，主要因为新媒体的三个"减少"的特点。首先，是减少了课堂与课外的区别，在课堂上教育工作者用新媒体教学，进行充分的互动，课外师生依旧需要重视通过新媒体相互交流、沟通、分享知识；其次，是减少了校内与校外的区别。新媒体聚焦社会热点事件，大学生通常较为关注此类事件，思想政治教育工作者也需将视野放在校园之外，最后，减少了国内与国外的区别。新媒体让整个地球的距离不再是距离，来自世界上任一地点的信息都可依托新媒体向外界共享。大学生不仅仅关注国内时事，对国外也同样关注。思想政治教育工作者更需如此，利用国外相关研究成果，提高自身知识水平，维护在教育中的主导地位。

2. 催生了高校思想政治教育工作者现代观念的确立

每个时代都会有与之对应的主流观念，如今这个时代是在不断发展变化着的，能够与时代相适应并随之改变的观念即为现代观念。作为合格的高校思想政治教育工作者，以下几种观念是必备的：第一，科学观念。信息传递靠运动来实现，而飞鸽传书、烽火报信等物理上运动的年代早已远去，在如今新媒体时代，网络成了一个独特的世界。在这个世界中，信息的运动不再是能看得见的运动，在网络上进行的互动、沟通、联系都有一种特别的运动方法。"运动"的内涵得到充实。第二，时空观念。即使一个在南半球，一个在北半球，只需一封邮件、一条短信、一个 QQ 消息，不到一秒钟双方就能联系到一起。新媒体让信息没有地域空间的限制，改变了传统信息交流的途径，思想政治教育工作者与被教育者也能通过新媒体随时随地进行沟通。第三，平等观念。网络的自由性使每个人在使用新媒体时都有相同的地位和权力，人人都能借用新媒体畅所欲言，有利于教育工作者进行思想转变，站在与学生平等的地位上思考。第四，素质观念。高校思想政治教育工作者所需的相关资料，网络几乎应有尽有。可以说，各种渠道都是一种获取新知识的道路，这无边无际的知识海洋有利于提高教育工作者学无止境、终身学习的意识，培养素质观念。第五，效率观念。新媒体的快捷、高效是其得到普遍认可的重要因素之一，新媒体时代人们生活节奏、工作效率都需要提高，效率在当今显得至关重要。

3. 推动了高校思想政治教育工作者个人综合素质和能力的提升

新媒体是社会发展过程中出现的新事物，并且任何人都无法阻挡这个新事物的进步。无法改变，就必须适应。高校思想政治教育工作者不能固守传统教育方法，不知变通，而是要积极接受，并提高自己灵活运用新媒体查找信息资源的能力。利用新媒体的各种优势，不断扩展自身知识面，让自己更有思想政治修养。在广泛阅历之后，才能厚积而薄发，树立正确的价值观念。

在此基础上，学生能够得到教师更好的思想引导。新媒体为教育工作提供全球化的资源，教育工作者可以以此为借鉴，充实自己的知识量，才能在对大学生进行思想政治教育时游刃有余。教师可以广泛收集来自全世界的案例，从事实热点入手引起学生的兴趣，并将其中的典型剖析给学生们，并以图片、文字、声音相结合的形式使案例更加生动；利用新媒体的便捷开展学生心理调查和评价，并将其纳入教学日程中，以便及时发现大学生中存在的问题，进而最为高效地解决。

消极方面：

1. 个别思想政治教育工作者的理想信念和价值观有所淡化

新媒体在高校中的发展如火如荼之时，一些不利影响也逐渐凸显出来。尤其在思想观念方面，部分教育工作者社会主义立场不坚定，在网络的冲击下很容易动摇共产主义信念。从理论上看，网络没有国家、区域之分。但是实际上，几乎所有国家都利用网络宣传自己的意识形态，甚至不惜侵犯他国利益。高校思想政治教育工作者受教育程度较高，但是也同样会受到网络上的思想刺激。我国处于社会主义发展初期，在生活水平、社会制度等方面确有不及西方发达国家完善之处。西方一些国家利用我国制度中的缺陷，鼓吹自己国家的社会制度和思想观念，意图给我国制造动乱。在一部分人对社会主义信心不坚定时，这就极可能造成他们受西方意识形态荼毒。个别年轻教育工作者就是如此，他们作为教育工作者，自身却教育素质低下，甚至帮助西方国家宣扬其意识形态，造成更恶劣的影响。不仅大学生可能会受其影响，在思想上陷入困境，高校思想政治教育也会受其阻碍。

2. 少部分高校思想政治教育工作者的业务能力不胜任

尽管新媒体教育有许多优势，但是这些都建立在教育者能熟练掌握新媒体操作技术的基础之上。目前为止，仍有许多老师对新媒体认识不足，缺乏进行思想政治教育所必要的新媒体操作技术。另一方面，高校思想政治教育涉及知识面广，而目前大多数从事此科目教学的老师都是以政治、哲学等为专业的，教师的知识内容偏向于狭窄，结构上表现出单一的弊端。在高校中，思想政治教育老师对于流行文化、热点时事的了解远不如大学生，这种现象非常常见。高校思想政治教育工作者（通过调查在青岛地区民办高校教师中尤为突出）习惯于传统教育方式，新媒体的出现让他们深感压力，不知如何是好。在部分老师不能正确处理这种压力感的情况下，就可能产生强烈的危机感，进而陷入越紧张就越排斥新媒体、越自卑的恶性循环。

3. 一部分高校思想政治教育工作者的整体素质弱化

现实生活中，高校思想政治教育工作者素质不足（通过调查在青岛地区民办高校教师中尤为突出），导致新媒体展现不出其在教育中应有的优势，这种事件频频出现。首先，一些教育主体对网络关注度不高，因此无法将新潮的、学生熟知并认可的流行语运用于教育中。其次，如今的大学生与网络关系密切，他们在出现心理变化时经常选择在网络上倾诉。但是，部分教师观察力较弱，很难发现网络信息背后隐含的精神或思想问题，所以无法对症下药，制定思想政治教育对策。再次，没能掌握利用新媒体进行广泛的信息收集与调查分析。第四，大学生思想素质水平不一，教师进行统一管理难度较大，若利用网络寻求帮助则可大大降低难度。有些教师在此方面能力不足，利用不好网络舆论，更做不到综合发挥各网站力量。最后，与时俱进是高校思想政治教育工作者的必需能力，但部分教育工作者没能做到，自己的知识储备、内容等仍然停滞不前。

第四节　新媒体环境对高校思想政治教育工作的负面影响及对策

随着现代科技的飞速发展，以互联网、手机网络、电视网络为代表的新媒体极大地改变了信息传播的传统模式，给整个人类社会带来了全面而深刻的变化，尤其在当代大学生中产生了广泛的影响。在新媒体环境中，如何做好大学生思想政治教育工作，已成为当前高校思想政治教育工作的重要课题。

一、新媒体环境对高校学生思想政治教育工作的负面影响

（一）对教育对象的消极影响

新媒体可以帮助学生提高自身的思想素质，同时也会给大学生带来消极影响。这些消极内容主要有以下几点：第一，西方资本主义思潮通过新媒体的传播，直接导致部分大学生政治意识的淡化，理想信念的动摇。例如西方资产阶级所谓的"人性自由""个性至上"思想，使得功利主义、享乐主义之风大行其道，这种思想的渗入必然导致大学生的世界观、价值观、人生观出现重大偏离。第二，某些媒体所宣传的错误思潮，直接导致一些大学生道德意识差，道德责任观念模糊。例如因为少部分学生弄虚作假，或者到期限而没有还贷款，已经使得某些银行不愿再向一些高校的学生贷款。第三，某些媒体所宣扬的不良倾向，直接对大学生的身心健康造成极大伤害。例如一些文学、影视作品中宣扬的"色情暴力"等思想将直接影响大学生身心健康。

（二）对高校学生思想政治教育内容的冲击

新媒体有着属于自身的意识形态，在面对市场化进程的挑战中，为迎合一些市场主体的需要，会不可避免地宣扬一些非主流的观点和思想，甚至是一些消极、庸俗、反动的观念，这些消极的思想被大学生所接触后将会给思想政治教育工作者带来相应的困难。

（三）对高校思想政治教育环境的负面影响

新媒体给校园周边社会环境带来的变化，这种变化使得校园周边各种文化娱乐设施层出不穷，使得一部分大学生长期沉溺于各种娱乐消费之中，极大降低了由学校组织的各种正规文化活动的吸引力，无形中对学校正常的生活教学秩序带来了冲击。其次，以网络游戏为代表的虚拟世界无约束，容易使人在里面得到满足，这样不仅对大学生的思想有影响，还严重地影响到大学生的生理、心理素质的发展。

二、新媒体环境下高校思想政治教育工作的对策

（一）改革创新教育理念、提高育人效用

近年来，新媒体在当代大学生思想政治教育中所占的比例逐年提升，高校依托新媒体来开展多项思想政治教育。一方面可以调动大学生的积极性，从而潜移默化地灌输思想。另一方面，利用网络平台对大学生进行思想政治教育，可以为相关院校做好表率。虽然新媒体有诸多成效，但是并没有实质性的变革教育理念，这就意味着相关工作者还要展开新媒体的后期工作。

新媒体时代的典型特征，就是各项工作的开展都与新媒体有着密切的联系。高校在注重培养学生的思想素质时，也要紧跟潮流把新媒体技术运用于思想政治教育的开展。同时，在新媒体营造的文化氛围影响下学校意识到应转变教育理念；变革传统的主被动模式。因为在教育阶段，教育者发现实施主被动模式学生处于盲目接受知识的地位，没有主动地与教育者进行沟通与交流这就意味着教育成效不高，无法达到教育者对政治教育的预期期望。因此，高校主动变革教育模式，旨在提升学生的主体地位。在新的政策形势下要求学生主动表达自己的想法，不能因为教育者的权威就忽视与教育者的交流。同时，新的政策又指出学生与教育者是平等的关系。也就意味着教育者不能对学生施加过多的压力，这种新的模式就被称为"主客平等性"，实行初期便取得了良好的成效。在利用新媒体进行思想政治教育时，应创新教育理念，主动激发学生的积极性。同时，大学生也应意识到学校教育虽有目的提

高学生的主体性，但并不意味着学生可以任意妄为，大学生也应遵守学校的规章制度、尊重老师的教学活动。教育者也要在双方平等交流的基础上，主动倾听大学生关于教育工作的建议。只有双方主动做出改变，才能促进教育工作迈向一个新的阶段。

1. 掌握不同媒体差异特点，多途径开展政治教育

传媒传播信息并非单一途径，而是多种途径同步发展，并且每种途径都有无法比拟的优越性。新媒体具有受众广，能在不同空间范围内进行信息交流与转换等优点。但因为其处于发展的初期阶段，仍有一些方面需要完善。书本和信件作为传统的传播媒介，除了具有储存方便，具有收藏价值之外；还有其无法突破方面即：传播速度慢，不利于重大事件的处理。即使当前阶段要发展新技术，但也不能抛弃传统的传播媒介，每种媒介存在都有一定的价值，并能满足特定人群的需求。即使在高科技如此流行的时代，仍有人热衷于看报，写信，看书。如果想以一种新型的媒介取代传统，那么这种观点绝对具有荒谬性。要知道，众口难调，只有不同媒体同时发展才能满足庞大的市场需求来维持市场的稳定性。因此，我们在推广新媒体的过程中也要处理好与旧传播媒介的关系，不能忽略旧媒体而完全注重新媒体。要给传统媒介发展的机会，这样新旧相互促进才能取长补短，更好地在高校内进行思想道德教育。

2. 整合传统媒体与新媒体，优势互补

报纸是在变革内容与版面的过程中不断改进，最终得以传承下来的传媒工具，在科技的推动下报纸结合广播，网络等新的传媒工具组成了多样的传媒方式。它们每一种都在特定的时代下发挥过优势作用，虽然在新的时代背景下它们某些特性可能不适合传播教育但我们不得不承认它的优点。因此，为了促进教育提升到一个新的层次，我们应该结合新旧媒体的优势，来帮助大学生树立正确的人生观。

3. 加强教育之间的交流，调整教育模式

我们要在主动被动模式的基础上积极变革，提高大学生的主体地位，在双向教育时把以老师为主体转变为以学生为主体。尊重学生的内心需求，加强师生交流。培养教师的能力，把新媒体技术真正落实到教学实践中，利用新技术拉近师生之间的距离。在新技术的辅助下改变原有的呆板教育作风，营造轻松活跃的学习氛围。激发大学生的学习兴趣，变被动地位为主动地位，主动渴求接受新的知识与技能。为了实现人才强国的目标，应在社会主义核心价值观的指导下培养大学生的人文素质，这既需要坚持和贯彻党的领导地位又要从大学生实际出发。有目标地去培养一批先进的技术性人才，为国家

和人民做贡献。同时又要与新技术结合，在提高思想素质的同时，进一步宣传新技术，保证教育途径的广泛性与多途径性，发展多样化教育。

（二）提高思想政治教育主体的媒介素养

什么是媒介素养？顾名思义，说的就是人们在获取到信息的时候，出现的各种应变的本领。这不单单是每一个运用到媒介的人的需求，同时还是组成现今社会公民的素养的很首要的一方面。其主旨就是让每一个人都可以运用媒介产品，同时对所接收到的讯息拥有自主判断的能力，作为大学生和从事思想教育的各界人士，他们都应当具备媒介素养，并且在具备的基础上不断提升。

1. 提高大学生的媒介素养

第一，应该先提高传播者的政治素质，保证大众传媒的社会主义方向，注重政治思路的培养，在关于自我认知上和思想理论上有待提升。还有，传播者还应当强化自身的思想品德，提高对社会的贡献度，把自身拥有的正能量，传递给社会上每一个需要的人。大学生媒介素养的好坏，是和开展思想政治教育工作的实效性密不可分的，所以，在社会大趋势中，应当重点培养大学生的媒介素养。各大院校运用新媒体技术，将关于媒介的相关知识传输给大学生，提高大学生的相关方面的学习水平，规避大学生被充满负能量各种信息所诱惑。同时，大学生还能够通过新媒体的学习，提高自己在学习方面的本领和生活中应付各种突发事件的本领。

在对课程的安排情况中可以看出，高校能够将新媒体所运用到的相关技术放到实际的教学任务里，运用选修课、参加研讨等手段向大学生传递新媒体方面的知识，塑造大学生对消息的判断本事，从而养成正确的看法，全面系统地运用各种类型的新媒体技术，服从国家制定的法规政策和道德标准，提高大学生的政治理论的深入性。当然，有关政府部门也应当在扶持新媒体安全快速进行的基础上，对从事新媒体运营的相关人员设立各种规则，表明所有人分管的各自权利和义务。还必须颁布和新媒体有关的法律法规，让那些传递不良信息的人无处可藏，做到有法可依。同时还要提高我们的宣传力度，让更多的人拥有法律观念。

2. 提高思想政治教育工作者的媒介素养

怎样才能让大众传媒的影响力更加广泛呢？特别是在新媒体对思想政治教育理论工作的效果上，提升传播者的个人修养是一方面，还有一方面就是对从事教育工作的广大工作人员也要实行培养训练。必须提高对于传播学理论方面的能力，这样就能够造就一批专业性的从事教育工作的人才，将新媒体最大限度地使用在思想政治教育上。

在高校中，从事政治理论的人才既有教育大学生的工作，同时还有对新媒体加大传播力度的人员。怎样才能让大学生全方位的发展？除了教育工作者本身要提高自身政治水平，还应当懂得新媒体技术的相关知识，对当代传播学涉及的理论点有一定的熟悉。通过这些，教育工作者就可以利用新媒体的相关知识，让大学生树立正确的判断本领，让所有大学生变成社会上新事物的传递者，还可以借助对新媒体的各种讨论和调查提高教育人员对新媒体的认知能力，让教育人员不断提升自己对新媒体的学习能力，加强社会各界组织和个人与高校之间的联系，用来加强教育者自身的媒介素养。举个例子，微博就是一个很好的传播工具。

在最近的几年里，微博以迅雷不及掩耳之势快速地崛起。迅速融入了人们的生活之中，通过调查青岛民办高校利用微博进行大学生的思想政治教育，是一种节省人力物力但又效果十分明显的方法，青岛民办高校思想政治教育工作者可以通过简短的140个字符在微博里抒发自己的真情实感，比较容易引起大学生的共鸣，利用微博的各种话题榜可转载内容进行讨论，这样可以让大学生们更加容易明白，起到了传递正能量的作用。高校可以把微博当作传播新知识的载体，这样可以让大学生更加接受思政政治理论方面的知识，让其平稳、有序的发展。

（三）拓展大学生思想政治教育路径

1.创新课程教学方法

在当下的新媒体阶段，大学生能够从很多渠道了解各种类型的知识。因此各大院校的思想政治教育还应当起到领头羊的作用，加强对社会的主流意识形态的培养，例如马克思主义的"三观"、社会主义核心价值等等。在编制教案的时候，还应当估计到多数学生的个性特征，因地制宜，按照不同的情况利用新媒体从事教育工作。时代在进步，当然思想政治教育的方法也应该不断地完善，运用现代的高精尖技术，使得教育方法趋于最好的方式。在与之相对应的传统教育理念中，老师还是以教材为载体，这样会让学生失去兴趣。在这种情况下，也可以试着使用新媒体教学来达到生动有趣，利用非常直接的手段让学生更加容易理解教学内容，让每一节课都可以达到理想水平。还有，思想政治教育者也可以利用新媒体的参与性，让每一个教师和学生之间产生沟通、互动。

2.加强主题网站的建设

当今社会，网络的发展速度越来越快，我们怎样利用网络这个平台，去从事思想政治教育工作？这一点是非常重要的。新媒体的壮大，如果想抓住高校工作的主动权，就需要关注学校文化在新媒体形势下是怎样发展的，强化各大院校的网络文明的培养。我们应当创建一种集各类优点于一身的高校的特色网站，提高网站对大学生的吸引力和关注度。这个时候就要求网站必须以合法的舆论为基础，强调以人为本、树立正确的核心价值观，发扬正确的社会主义意识形态，表现出符合社会接受程度的优秀知识。对于如何让大学生接受思想政治教育，这一点全权表现在网络学习的所有步骤里。在运用网络教育的情况下，利用一些人们的关注程度较高的知识点和与学生息息相关的所有知识，为广大的学生服务以此加强网络教育的时效性，让高校的网络教育可以有所发展。只有让各大院校的思想政治教育工作真正地渗透到每一个大学生的心中，让这项教育工作更加接地气，才能够让广大大学生关注到网络传播带来的好处，不断提高他们的活跃度，这样就能够让网络教程达到他们的预期成果。

3. 加强新媒体工具的使用

在如今的社会发展阶段，QQ、微信已经成为日常人们生活中必不可少的一种共同交流方式。由于移动技术的创立和运用，让信息之间的传播不再受到时间和空间的制约，这种优势，也为思想政治教育活动的开展提供了另外一条新鲜的出路，高校的教育人员必须要符合当今社会的发展，学会利用一切可以利用的沟通工具，发展新媒体在工作中的优点和优势。在对大学生进行教育工作的时候，我们能够利用网络等多种手段进行沟通，运用QQ、微信等交流工具实行个人与个人和个人与多人的协商，这样不仅能够节约大量的时间和精力，还可以彻底根除说教带来的不良影响，让人与人之间的感情进一步增强。同时，让大学生可以用行动来规避不必要的麻烦，在网络上进行沟通，这样可以增进学生与老师之间的感情，对于从事思想政治教育的研究人员和教育家，他们能够创建一个属于自己的博客，可以定期或者不定期的发布个人的一些独到的见解，或者转发一些重要的新闻热点，或者鼓励人们树立良好的人生观、价值观，一个人散发的专业魅力去指导大学生的政治思想的变化，以便能够让更多的学生接受更好的教育方式。

4. 做好校园网络舆情工作

在当今社会条件下，各大院校在把新媒体渗入到学校文化的时候，也进行了必要的网络舆论的相关工作，提高大学生在思想政治教育工作方面的判断力，以便让更多人了解真实的新媒体。我们还要做到收集资料的时效性，常年注意各大社交网络平台，就像QQ、微信、贴吧等。学校的各个相关组织也应当对学校的重点论坛进行控制与监督，增强网络传播的源头控制力，组建一支风尚文明的传播环境，让大学生能够以此为基准，树立正确的舆论观。培训专门分管网络的一个团队，他们的职责就是关注网络上的一手信息资料，整理汇总相关文件，第一时间清楚虚假消息，对于网络中产生的偏差理论，进行有针对性的反驳。还有，可以选拔一批充满阳光精神的大学生领导干部，利用他们在人群中的影响力在新媒体中表述自己的观点，以便提高每一件事情的正面影响力。

（四）提升大学生思想政治教育载体合力

在过去长期的教育实践中，传统媒体载体在大学生教学中的优秀的一方面已经展现得淋漓尽致了，可是，社会在进步，网络的虚拟世界也在快速地改变着，传统媒体载体在教育中在某些环节和方面受到了局限性。面对这一问题，我们必须对传统方式的教育进行变化，从内容上进行设置，让它更加吻合教育界人士的接受范围。在某种程度上来说，设置就意味着改变，意味着创新，我们在吸收传统教育模式下的有用的学习方式的前提下，可以在方式上进行改变，以规避无为的简单重复。

1. 思想政治教育与课程载体紧密联系

高校思想政治教育载体在其运用过程中，课程载体的运用较为普遍。高校思想政治教育课程载体作为传统高校思想政治教育载体的主要形式，起到了不可或缺的作用。在各大院校改革发展的时候，在一种全新的教育理念出现的时候，同时课程的设置也是有变化的。不论运用何种方式，这都不能忽视人的主观能动性，人还是起着重要的作用的，所以，各大院校必须将思想政治教育和课程设置两者紧密联系在一起，共同作用，从而产生巨大合力，来掩盖这些院校在此类教育上的缺点。

2. 传统媒体与新媒体相互联合

即使新媒体技术已经占据了大半个江山，可是我们仍然不能忽略了传统媒体带来的巨大作用，思想政治教育的发展是需要各种媒体的共同发展，共同进步的。传统媒体和新媒体联合在一起，这样才可以满足大多数人的具体需要，每种媒体都是有着被人无法取代的长处，只有将两者合并起来来看，深度发现它们身上的闪光点，全面发挥自身已有的特征，对大学生的思想政治教育进行改变加工。举个例子来说，学校的校报中所阐述的观点都是相当的明确的，具有很好的带头性，它们中所刊登的优秀事迹人物，就是在传递社会正能量；而手机传媒的优点在于一个"快"字，当然，它还具备了随时随地性，能够运用"手机报"等多种手机交流软件，对于近期大学生较为关心的题目开展留言、讨论，同时注意舆论导向，积极弘扬社会光明的一面，把社会的舆论往好的一个方面发展。由此可见，我们把传统媒体和新媒体一起使用，取各家之所长，从而形成，不单单可以用手机了解实时的思想教育动态，还可以利用报纸之类的载体，熟悉每一位大学生的困扰，最终形成传统媒体和新媒体的共同发展态势，这种情况下，学生的思想政治教育就会有突飞猛进的发展。

（五）促进新媒体环境下的管理机制构建

大学生思想政治教育中间牵扯到很多个主管机构，在新媒体环境下，高校各部门如何才能促进大学生思想政治教育，对其调动发挥出最大限度地积极性，是当今高校思想政治教育工作者所面临的重要课题。应当注重校园网的开发运用，并对校园网进行监管，但是，如果要让大学生思想教育能够全面健康发展，就需要组建一支科学的运营队伍，对思想工作的全部内容进行监督、管理和协调。

1.常态管理机制

创建新媒体条件下的思想政治教育工作机制，则需要各个院校的党委牵头，多部门共同组织，进行系统、全面的分析，把每一项工作都落实到每一个人头。学校的新闻部门等组织，需要承担校园网的定期检验，力争把学校需要报道的事件详细地宣传出来，将学校的舆论主权紧紧地把握在自己的手中。学生组织部门则需要牵头进行演讲、座谈等多种形式的手段，通过这些活动，让更多的大学生了解新媒体，关注新媒体，提高其媒介素养。还有，组织倡导班级老师、重点干部，利用微博、微信等手段进行传播，班级领导人运用新媒体工具，时刻了解学生的想法，当出现不好信息的时候，能够积极引导。至于学校的信息管理处，他们的工作就是构建一个安全的网络，为学校进行思想政治教育提供了一个坚强的后盾。

比如青岛民办高校青岛滨海学院根据教育部、国家互联网信息办公室《关于进一步加强高等学校网络建设和管理工作的意见》文件精神，及《互联网信息服务管理办法》等国家法律法规，着力打造集群化、系统化、网络化的新媒体工作格局，营造良好的校园网络舆论环境，为此青岛滨海学院决定进一步规范各系、各部门和学生组织新媒体建设与管理，加强和推进校园新媒体健康有序发展，制定了《青岛滨海学院新媒体管理办法（试行）》。提出了新媒体以其传播快、覆盖广、影响大等特点，在新闻宣传和舆论引导方面日益发挥重要作用。青岛滨海学院官方新媒体公众账号已成为校务公开、服务师生的重要载体，成为密切联系师生、改进工作作风、引导校园舆论、塑造学院形象、建设网络文化的重要措施。为规范青岛滨海学院新媒体应用的服务和管理，推动各系、各部门有效利用微博、微信、抖音、APP 等为代表的新媒体开展育人工作，充分发挥新媒体平台在展现学院形象、发布新闻信息和提供校园服务等方面的积极作用，营造良好的校园舆论环境和氛围。

各系、各部门要按照党管媒体的原则，增强对互联网发展的适应性，主动把握网络舆论导向的主动权，学院提倡各系、各部门和学生组织建设必要的官方新媒体平台。本办法所指新媒体包括但不限于微博、微信、抖音、小程序、社交网站（如人人网）、移动客户端（APP）、网络视频、移动电视等在新的技术支撑体系下出现的媒体形态。新媒体主要指微博、微信、抖音、QQ 工作群、微信群号、小程序、APP 客户端、网络视频、移动电视等新媒体平台。青岛滨海学院官方新媒体包括以青岛滨海学院（包括外文及其缩写）、青岛滨海学院各系、部门以及各项工作业务、团学组织的名义开通并经网站实名认证的各类新媒体。党委宣传部负责学院新媒体应用的备案、监管、指导和检查工作。

按照"谁主管、谁负责"的原则，各系、各部门要严格落实责任制度，做好本单位新媒体应用管理工作。青岛滨海学院各二级学院党支部书记为本单位新媒体应用管理工作的责任人。

青岛滨海学院各系、各部门因工作需要建立新媒体应用官方账号，必须提前七个工作日填写《青岛滨海学院新媒体应用备案表》，以书面形式报党委宣传部备案。开通新媒体后，应及时申请认证。学院禁止任何个人以青岛滨海学院及所属各系、各部门、任何组织的名义开通各类新媒体。

如因工作需要，发生新媒体管理员变更，应重新填写《青岛滨海学院新媒体建设备案登记表》，并及时报党委宣传部备案。新媒体应用账号名称、管理人员等有关信息发生变更，或新媒体应用关闭使用，必须在七个工作日内，以书面形式报宣传部备案。

新媒体应用与运行要遵守国家法律法规及有关政策，遵守学院各项规章制度，自觉维护学院声誉。官方新媒体主要发布学院各方面工作的最新动态、重要公告以及与学院、师生相关的其他信息，服务师生学习、工作、生活和发展，宣传学院的发展成就，展示学院良好形象。各系、各部门要加强对本单位新媒体应用的管理。建立相关信息发布审核程序并严格遵守，发布的信息必须真实、准确。

青岛滨海学院党委宣传部负责对全院新媒体应用进行监管。对不符合学院相关规定的新媒体应用，有权提出整改意见；对给学院造成恶劣影响的新媒体应用，有权责令其停止运行，并追究有关单位责任。官方新媒体发布消息要严格遵守相关法律及规定，未经学院党委宣传部授权，各级官方新媒体不得擅自发布涉及学院重大事件、突发事件和社会热点及敏感问题的相关信息内容。

青岛滨海学院各系、各部门或学生组织名义注册的官方新媒体，按照"谁建设谁负责，谁主管谁负责"的原则实行归口管理。

新媒体公众账号要以"科学发展、积极利用、加强管理、确保安全"为指导原则，制定信息审核、发布等管理规范。各系、各部门应主动建立健全新媒体管理制度，落实专人具体负责新媒体内容审核与日常维护等工作。发现评论中有违法及有损学院声誉的信息，要及时向主管院领导和党委宣传部汇报，并与新媒体平台及时沟通，妥善处理。

青岛滨海学院校园各级官方新媒体应高度重视学院突发事件、重大事件新闻报道和网络舆情，要认真落实党委《新闻发言人制度》，党委宣传部统筹协调，统一发声，做好信息报告、新闻发布、澄清事实等工作，相关单位要做好配合及相关事件处置工作。

加强新媒体协同联动。学院将根据情况将登记在册的新媒体纳入校园新媒体工作圈，给予推广宣传、实名认证和技术支持。各级各类新媒体要积极转载评论学院官方新媒体发布的信息，要充分利用"互粉"，发布重要信息要及时@青岛滨海学院，形成校内新媒体矩阵，放大集群新闻宣传效应，协同协作，构建有效的信息共享、动态交流、联动反应的网络工作模式，形成强大的新媒体宣传合力，不断提高青岛滨海学院的网络舆论引导能力。

个人用户在青岛滨海学院校园网络公共平台上发布的言论，或使用学校的 IP 地址发布的言论，以及个人在新媒体平台（微博、微信等）发布的言论，内容由作者自行负责。如引起不良影响，院方将追究作者责任。对违反相关法律、法规的用户，依照新闻管理部门、公安机关、通信管理部门、互联网信息内容主管部门有关法律、法规、规章进行处理。

2. 社会化合作机制

怎样才能让思想政治教育变成所有人的教育？这就需要他们和当今社会的发展情况有很多的相同点，与很多其他的方面来一起推动社会的进步。重视大学生的教育，这是需要把社会、学校、家庭所有的优势项目组合起来，确立一套符合社会发展的体系，对大学生进行引导沟通。让大学生积极才加社区服务，这是促进大学生思想教育工作的一种手段，同样他还是提高大学生个人修养的方法之一。大学生服务于社区的各种免费业务，这样可以让他们提高对社区本身的熟悉度，同时提高自己的动手本领。学校在关注大学生心理教育的时候，主管新媒体建设的各个部门也必须发挥自身优势，让大学生获取的信息为正确合理的。

家庭教育同样是一种占有很大比重的一方面，同时是各个院校完善教育工作的一项支撑能力。在新媒体不断发展的情况下，家长也必须学习新媒体知识，了解新媒体的核心内容，运用网络等新型沟通平台和孩子保持联系。还有，学校运用家长会和电话了解等手段，与大学生家长建立长期互通关系，让学校和家庭一起为大学生的思想政治教育，贡献自己的一份力量。

3. 网络监管机制

关于加快完善互联网管理领导体制。网络和信息安全牵涉到国家安全和社会稳定，是我们面临的新的综合性挑战。因此，必须健全互联网管理制度，这样可以建设一个有利于社会发展的合法的网络，可以起到监督大学生进行网络活动的手段。

首先，提高各个院校对组织活动的重点关注，构建严谨的网络监管机制。构建高校的网络监督体系，它的重中之重就是要让人们从心底里关注他们，将学校的组织当作关键点，需要看到在新媒体的情况下，大学生的教育工作还是存在着必要性和困难性，只有在精神层面上高度重视新媒体对大学生造成的一些作用，才能以此为基础，改革发展新的教育方式。此外，还需要强化组织建设，协调好各级部门之间的联系，还把关于网络方面的教育知识当作领导工作的重要准则来执行，同时将教育目标和问责细节一层层地分级下派，以此作为高校教育者考核绩效的重要手段。

其次，以具体情况为基础，组建符合校园网具体情况的管理制度，增加对校园网的控制力度。这种监管手段不单单要求学校按照具体情况运用法规和条例，还应当按照学校的这些情况，整理出一套可行性方案，这样就能够确保校园网的正常运行。举例来说，学校的有关组织利用网络看到了大学生在学习和日常生活中的各种情况，强化对网络重点新闻的分析、理解和整合。还有，学校的相关组织整理出一套完整的审批制度并下达使用，这样可以控制好信息传递的出发点，以保障网络的相对安全。在这一点上，学校涉及的有关组织机构就需要通力配合。为此青岛民办高校青岛滨海学院出台了《青岛滨海学院网络安全规定(修订)》：为倡导诚实守信，健康文明的网络行为，推动传播社会主义核心价值观，采取措施提高全校师生的网络安全意识和水平，形成全校教职员工共同参与促进网络安全的良好环境，根据《中华人民共和国网络安全法》制定青岛滨海学院网络安全规定。

(1) 任何个人和组织使用网络应当遵守宪法法律，遵守公共秩序。尊重社会公德，不得危害网络安全，不得利用网络从事危害国家安全、荣誉和利益；不得传播暴力、淫秽色情信息；不得编造、传播虚假信息，扰乱社会秩序；不得侵害他人名誉、隐私、知识产权和其他合法权益等活动。全校师生员工在互联网中要做精神文明的传播者、引导者，具有高尚思想道德、优秀精神文明和诚实守信人格，体现科学的世界观、人生观和价值观。

（2）任何个人和组织不得从事非法侵入他人网络、干扰他人网络正常功能、窃取网络数据等危害网络安全的活动；不得提供专门用于从事侵入网络、干扰网络正常功能及防护措施、窃取网络数据等危害网络安全活动的程序、工具；明知他人从事危害网络安全的活动的，不得为其提供技术支持、广告推广、支付结算等帮助。

（3）网络运营者不得泄露、篡改、毁损其收集的个人信息；未经被收集者同意，不得向他人提供个人信息。但是，经过处理无法识别特定个人且不能复原的除外。

网络运营者应当采取技术措施和其他必要措施，确保其收集的个人信息安全，防止信息泄露、毁损、丢失。在发生或者可能发生个人信息泄露、毁损、丢失的情况时，应当立即采取补救措施，按照规定及时告知用户并向有关主管部门报告。

（4）任何个人和组织不得窃取或者以其他非法方式获取个人信息，不得非法出售或者非法向他人提供个人信息。

（5）任何个人和组织应当对其使用网络的行为负责，不得设立用于实施诈骗，传授犯罪方法，制作或者销售违禁物品、管制物品等违法犯罪活动的网站、通信群组，不得利用网络发布涉及实施诈骗，制作或者销售违禁物品、管制物品以及其他违法犯罪活动的信息。

（6）任何个人和组织发送的电子信息、提供的应用软件，不得设置恶意程序，不得含有法律、行政法规禁止发布或者传输的信息。

（7）牢记大学生身份，只撷取有益的信息和资料（传递正能量）；不浏览反动、黄色网站，不在网上发表或转帖有损党和国家形象、有损学院和他人声誉的言论，发帖要对自己的言行高度负责。

（8）不沉溺网络游戏，不违规外出上网，控制上网娱乐的时间。

（9）学生使用电脑，必须严格遵守学院有关作息制度，不得影响他人的正常生活与休息；严禁正常学习时间在寝室、教室及图书馆玩游戏、看影碟。

（10）在公用机房上机时，不得乱涂乱画，未经管理人员同意不得改动界面，不得私自改动机器的设置。对接入校园网的个人计算机和软磁盘、U 盘等，要进行病毒检查清理，保证网络安全。

（11）主动接受公安机关和学校有关职能部门依法依章进行的信息管理和监督。

（12）认真遵守校园网络管理的有关规定，联入校园网的用户必须严格使用由学院设备管理中心分配的 IP 地址等参数。对在校园网上开办 BBS 等信息服务的管理人员，严格执行"先审后贴"。

（13）凡青岛滨海学院师生员工均应自觉遵守本规定，对违犯本规定者视情节轻重给予校纪处分，触犯《中华人民共和国网络安全法》者移交司法部门追究其刑事责任。

再次，关注网络教育工作人员的团队组织情况。从事网络思想政治教育的工作者不单单是重点人物，更是在实践教育过程中参与组织和管理的领导人。网络思想政治教育工作者的整体水平还不是很高，这样就会对新媒体教育的成果带来困扰。所以，我们需要建设一支能够打的了硬仗的专业队伍。第一方面，在新媒体的具体情况里，从事高校教育工作的每一个人都是有着更高的专业水平和道德理论的，只有具备这些素质，才可以对大学生的不正确思想进行干预，从而在学生的心目中具有不可替代的作用；第二方面，这些专业人才还需要有丰富的媒介素养和对新媒体的具体把控，就像可以了解网站的相关知识，对于和主题有关的内容进行完善；在教学过程中，可以把新媒体运用到具体的实践中，用一种轻松愉悦的方式传授需要让大学生掌握的新媒体知识，这样能够在无形中将寓教于乐发挥得淋漓尽致；第三方面，从事这一方面的人员还应当通过新媒体定期进行相关系列的活动，让老师与大学生经常性的交谈，明白学生心目中的所思所想，还有就是将学生干部这一"王牌"的作用发挥出来，他们与学生生活在同一屋檐下，有着很好的群众基础，这样才能把握住最新的情况，让舆论往好的一方面发展；第四方面，行之有效的网络思想政治教育教育，是和技术方面的配合有着密切的联系的，各个院校必须花费大量的人力物力财力，对人员素质进行系统的培养，让他们掌握更多的监督手段，以便出现网络安全事故时可以及时解决，挽回无须发生的经济损失。

第三章 新媒体时代高校思想政治教育的话语变革

第一节 高校思想政治教育话语体系现状观察与转换理路

思想政治教育从根本上说是做人的工作，需要通过一定的话语体系来表达、交流、沟通和传播，进而实现立德树人的根本任务。思想政治教育过程，其实就是教育者与受教育者间基于话语沟通而育德化人的过程，离开一定的话语体系，思想政治教育过程则将无从展开。进入新时代，如何深化思想政治教育话语体系理论研究与实践创新，建设符合新时代中国特色社会主义特征和当代大学生特点的现代思想政治教育话语体系，已成为摆在高校思想政治教育工作者面前的一项重要任务。

一、高校思想政治教育话语体系基本内涵

所谓话语体系，是语言的具体实践，是通过一系列的语言规则、规律、约束等条件，在特定的语境中所表达出来的，能够描述、沟通和构建社会实体和社会关系，且使人处于主体位置的符号系统。"话语是思想的直接现实"，"是语言和思想的结合体"，"思想是话语的内容、本质，话语是思想的形式、表现"。一般来讲，话语体系包含两个基本维度：一是话语内容，即说什么；二是话语形式，即怎么说。话语体系的基本功能，在于个体表达与群体交流以传播其意愿与思想，增进话语主体间的认知、认同、情感和共识。话语体系建设的直接目的在于"希望被人聆听、让人理解、得到应答"。实现话语体系最大限度地使用、最大范围的传播、最大限度地认同，使话语体系融入话语主体的知识结构和精神世界，进而潜移默化地影响话语主体的认知、判断、态度和情感，这便是我们所说的争取话语权。

思想政治教育话语体系是指思想政治教育工作者在实践中，遵循一定的

话语规范、规则、规律，通过一定的方式表达出来的指向一定思想政治教育目的的语言符号系统。思想政治教育话语体系，是思想政治教育内容的载体，是思想政治教育意思表达和意义建构的基本工具和主要场域，是沟通教育者与受教育者的符号集合和意义系统。在思想政治教育体系建设中，思想政治教育话语体系建设是最基础、最关键的要素，直接关乎思想政治教育是否有亲和力、针对性、实效性。

二、思想政治教育话语体系转换的价值维度

（一）掌握高校意识形态话语权的迫切要求

随着网络信息技术的快速发展，各种社会思潮和意识形态之间的斗争愈演愈烈，高校作为思想文化、价值观念和各类意识形态交锋的主战场和前沿阵地，也成为西方敌对势力对我国进行意识形态渗透的据点。另外，当代大学生还处于思想道德建设的初级阶段，极易受到各种非主流声音的影响，然而通过构建和实现思想政治教育话语体系的转型，有利于潜移默化地使大学生接受和认同社会主流意识形态，提高自身的辨别思维能力和批判能力，使其成为巩固和掌握高校意识形态话语权的践行者。

（二）增强中国特色话语体系国际影响力的必然要求

高校思想政治理论课话语体系是中国话语体系的重要组成部分，实现思想政治教育话语体系的创新和转型就是将思想政治教育理论话语和中国特色社会主义理论体系话语的有机结合，是中国故事、中国精神和中国声音的重要体现。显然，思想政治教育话语体系的转换有助于塑造中国在国际社会当中的美好形象，增强中国特色话语体系在国际社会当中的辐射力和影响力，提升国际地位，让中国话语掷地有声。

（三）提升大学生"四个自信"的现实要求

高校思想政治理论课是大学生深化对中国梦和习近平新时代中国特色社会主义思想认识的重要阵地。在新时代，实现思想政治教育话语体系的创新和转型，就是运用容易被大学生所接受的、通俗易懂的、深入浅出的话语来回应大学生所关切的社会现实问题和理论问题，彻底让思想政治教育理论话语和中国道路以及中国精神入脑、入心，增强大学生的理论认同、政治认同和情感认同，旨在最终以话语体系建设来提升大学生的道路自信、理论自信、制度自信和文化自信。

三、思想政治教育话语体系的逻辑要义

高校思想政治教育话语体系是以思想政治教育理论话语为基础，主要包括思想政治教育文本话语和思想政治教育理论话语两个方面。

思想政治教育文本话语是思想政治教育话语体系的基础部分，也是核心部分，具有鲜明的政治性和意识形态性特征，主要包括经典作家话语、政策文件话语、学术研究话语和传统文化话语几方面内容。经典作家话语是指马克思、恩格斯以及其他经典作家的观点和思想，实质上是马克思列宁主义和马克思主义中国化的重要理论；政策文件话语主要是指党和国家在各个时期的重要方针、政策和纲领性文件以及国家领导人的重要讲话；学术研究话语是思想政治教育话语体系的重要内容，主要是指思想政治教育研究的动态和所取得的重要价值成果，主要包括一些新的话语理念和话语范畴；传统文化话语主要是指中华民族传统文化当中的优秀成果，具有鲜明的民族性和历史性特征，其中所蕴含的思维方式和价值观念在今天仍有极大的时代价值。

思想政治教育实践话语主要是指社会实践话语，通俗来讲，也就是指教材讲授话语。这种话语不是简单的照本宣科，而是具有现实针对性和问题意识，是思想政治教育者在思想政治教育活动过程当中总结出来的实践话语，是开展思想政治教育社会实践教学的重要成果。

四、高校思想政治教育话语体系现状观察

当前高校思想政治教育面临的挑战具体到话语体系方面，突出地表现为对新生代大学生的吸引力不够、感染力不强，在大学生中使用不多、传播不广、认同不高，面临日趋"式微"甚至"失灵"的严峻挑战。

（一）话语内容："曲高和寡"

思想政治教育话语蕴含浓厚的意识形态色彩，这是由其学科专业本质属性决定的，这本身无可厚非。但倘若只生搬硬套马克思主义经典作家的理论、党的文献文件和思想政治教育研究的学术概念或语句而不经过教育者与时俱进地转换，即只停留在从概念到概念，从理论到理论的层面，照本宣科，抽象论道，缺乏与实际的联系和与时代的呼应，特别是不能用大众话语对大学生所关心的热点焦点难点疑点问题进行解析与解答，就会让对象感到枯燥单调、兴味索然。有大学生在接受央视《走基层》栏目采访时表示："高校思想政治教育大道理太多，空洞又抽象，离青年人生活太远。"有学者直言："我们在理论宣传中，常常使用'本质'、'核心'、'灵魂'、'精髓'、'关键'等概念，导致我们的思想政治教育话语出现了'概念漂浮'或'话语空转'，既

不能向外扩散，又不能向基层传播。"由此可见，高校思想政治教育话语内容陷入了曲高和寡的尴尬境地。教师讲的难以真正进入大学生的话语体系，处在"漂浮"和"空转"状态，使大学生思想政治教育针对性、亲和力、实效性不够不强，难以达到预期的教育效果。

（二）话语方式："自言自语"

思想政治教育话语长期习惯使用先验性、预设性、结论性话语。以"训导者"而非"对话者"的姿态，进行单向度的"是什么"，"要怎么"的灌输，忽视双向度甚至多向度的"为什么"，"怎么做"的讨论。我说你听，我灌你通，缺乏对大学生需求、体验的关照，缺乏与大学生平等交流和对话的互动，缺乏与大学生个体经验和意义建构的结合。还有一些思想政治教育者对于学生提出的各种问题不愿回应、不敢回应、不会回应，令学生难以受其教、服其理、信其道，其效果可想而知。实际上，在教育过程中，教与学的话语权应当是平等的，教育者与受教育者应当是处在平等主体地位上。话语权的不平等必然出现思想政治教育者讲得头头是道，学生听得昏昏欲睡甚至抵触逆反，思想政治教育成为思想政治教育者的"独角戏""独白剧"，思想政治教育过程陷入"沉默的螺旋"，思想政治教育成为缺少对象回应的单向度的无效教育。

（三）话语关系："话不投机"

教育者与受教育者有效交流沟通的前提是需要同在一个话语体系中。事实上，当下思想政治教育话语与大学生话语却常常互不交融，教育者与受教育者各讲各的话语内容，各用各的话语方式。思想政治教育话语进入不了大学生话语，大学生话语也纳入不进思想政治教育话语。教育者与受教育者对对方的话语体系互不"感冒"，各行其道，不在一个话语频道上，难以进入同一个话语结构，难以形成一种"共同话语"范式。思想政治教育话语难以进入大学生的话语体系、日常生活、知识结构和精神世界，对于思想政治教育者而言，"尽管他们还在不断言语，但无人聆听，没有对话"。实际上，"话不投机"的话语关系，是"曲高和寡"的话语内容和"自言自语"的话语方式的必然结果和外在表现。当前，高校思想政治理论课成为"最难讲的课"，高校思想政治工作成为"最难做的工作"，高校思想政治教育主题网站"红网不红"等难题，究其原因就在于"两个舆论场"问题的存在，这恰恰是对思想政治教育话语和大学生话语两套话语体系相互背离的现实反映。

（四）话语场域："人去楼空"

高校思想政治教育话语不能仅仅局限在思想政治理论课课堂教学时，还应当在大学生日常思想政治教育等现实场域中传播，而现在的问题却是话语多停留在教科书上、思政课上、教师嘴上，进而造成"人去楼空"现象。当今时代互联网已经成为大学生新的活动场域，通过对青岛地区民办高校的调查显示大学生平均每天上网时长超过 4.5 个小时，互联网已经成为大学生获得信息的重要渠道、沟通交流的日常方式、休闲娱乐的虚拟平台、身处其中的外在环境。在互联网时代，"知识在网上、思想在博客上、朋友在微信上、感情在 QQ 上"的特征日益明显，这就使得建立在教师的知识、社会的认知基础上的教师权威正在快速消解。新时代大学生在面对思想问题时，首先想到的是从百度、谷歌、天涯、贴吧上寻求答案，与亲人、同学、朋友甚至陌生人沟通交流，而主动求助于思想政治教育工作者的比例则在急剧减少。思想政治工作是做人的工作，人在哪里，思想政治工作就该做到哪里。大学生网络化生存的新常态，要求思想政治教育同步进入网络空间，有效引导网络舆论。

五、高校思想政治教育话语体系转换理路

高校思想政治教育必须正视所存在的话语内容"曲高和寡"、话语方式"自言自语"、话语关系"话不投机"、话语场域"人去楼空"等问题，主动加快话语体系转换，建设符合新时代中国特色社会主义伟大实践场域特征和"95后""00后"大学生特点的高校思想政治教育话语体系，牢牢掌握思想政治教育话语权，切实增强思想政治教育实效性。

（一）从"理论话语"转向"大众话语"

在理论宣传中，思想政治教育话语体系应当特别注重通俗化、大众化，充分考虑大学生的个体经验、知识储备、思维方式和话语习惯，把艰深晦涩的理论转换为浅显易懂的语言，把复杂抽象的阐释转化为深入浅出的表达。唯有如此，才能吸引学生、抓住学生，为学生所接受、认同和喜爱。中国共产党历来强调马克思主义中国化、时代化、大众化，比如，毛泽东同志撰写的《反对党八股》《矛盾论》《实践论》，邓小平同志提出"黑猫白猫论""摸着石头过河""发展才是硬道理"，习近平总书记提出"打铁论""穿鞋论""系扣论""补钙论""中国梦"等，无不是用朴实简洁的话语通俗地阐释马克思主义的立场、观点、方法，既把道理讲清楚，又让群众听得懂，既有吸引力感染力，又有说服力影响力，实实在在地达到了理论宣传的目的。相比较而言，目前高校思想政治教育则显然"理论味"过于浓郁，抽象的概念、复杂

的表述、系统的理论，与大学生的思想实际和现实需要不太契合，使不少大学生难以准确和系统地理解、消化和吸收。高校思想政治教育要特别注重把握教育对象的具体特征，构建和使用符合教育对象具体需要的话语体系。

（二）从"书本话语"转向"生活话语"

思想政治教育话语，要从枯燥的书本世界转向鲜活的生活世界，围绕学生、关照学生、服务学生。从生活破题，以生活立论，用生活论证，拒绝"高大上"，防止"生冷硬"，以紧扣生活现实的话语内容、富有生活气息的话语形式来吸引学生、影响学生、打动学生。比如，在思想政治教育中，我们既要讲美国政治体制的成熟性，更要讨论它的弊端；既要讲世界经济一体化的深入发展，更要讨论逆全球化现象；既要讲中国特色社会主义道路、理论、制度和文化自信，也要聚焦和回应不平衡不充分发展带来的社会现实问题。如此这般才是真正"有营养""接地气"的思想政治教育，才能真正亲和力、吸引力，才能得到大学生的认同和欢迎。作为社会意识范畴的思想政治教育，一定要在目标、内容、方法等方面体现与时俱进，要紧扣国际国内形势，关注学生思想实际，及时回应社会热点问题。在思想政治教育教学中，从"书本话语"转向"生活话语"，对思想政治教育者的知识储备、社会阅历、表达能力提出了极大挑战。多数教师不是不想讲，而是不会讲、不敢讲、讲不好，其结果是教师讲的学生认为不能解决问题而不想听，学生想听的内容被教师不会讲或者讲不好。这就要求高校思想政治教育者一方面要注重联系学生实际，有针对性地回答一些综合性、深层次的理论与认识问题；另一方面要在思想政治教育主渠道和主阵地中用好新鲜翔实的教育资源、教育素材，从"书本话语"转向"生活话语"，进而实现从教材体系向教学体系的转换。

（三）从"口号话语"转向"故事话语"

思想政治教育话语，不但要会摆事实、讲道理，更要会讲故事，特别是在碎片化、轻阅读的互联网语境下，思想政治教育话语更要会讲新言新语和网言网语，会讲简单、有趣、接地气、小清新的话，把大道理融入小故事中，把有意义的事讲得有意思，通过生活化的故事将思想价值理念不断地渗透到学生的脑海中。比如南京航空航天大学徐川10万+阅读量的网络文章"我为什么加入中国共产党"，以讲故事的方式，讨论了"为什么加入中国共产党"这个看似三言两语讲不清楚的问题，受到了大学生的欢迎和热捧。比如小米手机的口号是"为发烧而生"，但是小米没有铺天盖地到处去喊"为发烧而生"，而是在不同的场合，讲不同的故事，包括推出小米青春版海报、自制剧等，来把这个口号传递给用户，赢得了一大批的忠实"米粉"，打造了响当当的品牌。这些成功的案例说明，思想政治教育进入网络空间，必须遵循互联网传播的特点和规律，大胆进行内容创新、技术创新，学会讲故事，让人愿意看，看得进，看得轻松，看得有所收获，在讲故事中把"道"讲明、把"理"讲透、把"事"讲清，进而在潜移默化中达到教育目的。

思想政治教育话语，要会摆事实、讲道理，更要会讲故事，比如青岛民办高校青岛黄海学院自建校以来，坚持以雷锋精神兴校育人，讲好雷锋故事，传承雷锋精神，对师生进行学雷锋常态化教育。为推进学雷锋常态化机制的建设，多年来开展"学雷锋、讲文明、树新风、创品牌"该校于2011年引雷锋入校建立雷锋纪念馆，树雷锋塑像，设雷锋讲坛，讲雷锋故事，传承雷锋精神，打造"三位一体"学雷锋教育基地。青岛黄海学院雷锋纪念馆成为全国首家建立雷锋纪念馆的高校，成为全国第二家设立雷锋讲坛分坛的院校。

纪念馆面积近300平方米，共有照片资料400余副，实物资料150余件，分六部分展出：苦难的童年，学生时代，走上工作岗位，参加中国人民解放军，永生的战士，与时俱进学雷锋 知行合一树新风。 以图片和实物资料的形式再现了雷锋短暂而光辉的一生，生动地展示了学雷锋活动的历史画卷及青岛黄海学院开展学雷锋活动的成果。纪念馆建成以来，以雷锋为榜样，对内施教，立德树人，坚持用雷锋精神兴校育人，并以雷锋纪念馆为依托，建立学雷锋教育基地，与时俱进学雷锋，深入开展学雷锋主题实践活动，建立起了一套完善的雷锋精神教育体系。弘扬中国特色社会主义核心价值观，形成了深入持久地开展学雷锋活动有效机制，成为全国高校学雷锋活动常态化的一个典型代表。

为发挥省市级教育实践基地的作用，纪念馆为推广雷锋精神作了大量的工作，积累了丰富的经验，每年开展雷锋活动，为推动学雷锋活动形成"新常态"做出了自己的努力。 纪念馆积极开展对外免费开放工作，尤其青少年教育工作，共接待了大、中、小学校团体像青岛黄岛区黄浦江路小学，中国石油大学等近2000批次，累计达15万余人次，多所学校在博物馆挂牌成立素质教育实践与志愿服务基地。青岛黄海学院雷锋纪念馆的教育宣传工作获得了专家、新闻媒体和社会各界的赞扬和好评，连续五年被中国学雷锋管委基金会评为"全国学雷锋先进单位"，被誉为"雷锋学校"。同时，雷锋纪念馆已成为社会各界共享先进思想的精神家园。

在参观雷锋纪念馆的时候，讲雷锋故事学生学到了些什么呢？ 通关过向学生介绍雷锋生平事迹，让学生懂得：爱党爱国、爱岗敬业、乐于助人，这是雷锋精神的重要组成部分，这与社会主义核心价值观对个人的要求是一致的，而全心全意为人民服务是雷锋精神最闪光的内容，这与我们党的根本宗旨高度吻合。因此，学习雷锋，学做雷锋，就是用实际行动践行社会主义核心价值观，就是坚定跟党走中国特色社会主义核心价值观的最好体现。为孩子们把雷锋精神的传承化为自身的点滴行动打好了坚实基础。

（四）从"单边话语"转向"交互话语"

哈贝马斯认为，"理想的话语环境"应当符合四大条件，首要的是"话语参与者均有同等的权利，都可以随时发表任何意见，提出质疑或反驳质疑"。这就提醒广大高校思想政治教育者要注重从"单边话语"转向"交互话语"。一方面，要借用网络开展主体间性思想政治教育。互联网创造了开放、平等、交互的话语环境，教育者要学会从灌输者转变为对话者，更加注重尊重学生主体地位，更加注重引导学生参与讨论，用探究、讨论、商量的方法代替强制的灌输，遵循"提出问题—分析问题—解决问题"的路径，基于有效的论据，通过对话与讨论，引导学生自我思考、自我觉悟、自我建构。这种主体间性的思想政治教育有利于完成交互式话语的构建与生成。另一方面，在思想政治教育交互式话语体系的构建中要讲"二分法"，既要讲正面的，也要讲负面的，不能"专挑好听的讲"。议程设置一个重要理论叫作"反议程设置"，也就是如果受众认知迥异于议程设置，极有可能以自己的方式在设置议程之外寻求答案和真相。如果高校思想政治教育话语体系只讲好不讲差，只讲优不讲劣，只讲得不讲失，只讲成绩不讲问题，那么思想政治教育必然难以让人彻底信服。现今，正在兴起的高校"翻转课堂"教育模式，是思想政治教育话语体系从"单边话语"向"交互话语"转换的一种崭新尝试，值得期待。

第二节 现代性境域下高校思想政治教育话语及其转型

一、内涵与特征：高校思想政治教育话语的学理阐述

在高校思想政治教育系统要素中，作为教育核心抓手的高校思想政治教育话语是教育实践活动顺利开展的核心载体与平台。关于"话语"这一概念的认识与理解，学界目前尚无统一性的学理界定。在整合并借鉴相关学者研究成果的基础上，我们认为"话语"是人际交往过程中的核心结点，是依托对于系列语言原则与规律的遵循与把握进行社会实体与社会关系的描述、沟通乃至建构与超越的言语符号系统。结合思想政治教育的本质规定性与"话语"概念的相关阐释，我们将高校思想政治教育话语界定为在高校文化环境与语境中，教育双方遵循相关的话语原则与规律，以社会主义意识形态认同

为主要内容、以话语关系的通达有效为核心环节、以大学生思想政治教育目标的顺利实现与教育双方精神成长为终极旨归的言语符号系统。

作为话语系统的有机构成，高校思想政治教育话语既具备普遍意义层面的话语的共性，同时在思想政治教育学科发展与大学生思想理论教育实践中也形成了自身的基本特点。

（一）话语内容具有鲜明的意识形态性

话语同意识形态紧密相连，意即"语言在其实际运用中（包括在传授中）总是自觉地或不自觉地以一定的意识形态为导向的"。既不存在没有话语体系作为有效介体的意识形态，又不存在没有鲜明意识形态引领的以"空洞的外壳"为表征的话语体系。相应地，作为高校思想政治教育有效开展的重要依托，高校思想政治教育话语是以马克思主义这一主导性意识形态作为行动准则与支配力量，以有效结合受教育者思想认识状况和社会发展态势为战略支点与实践场域，以实现高度体现党和国家意识形态特质的思想理论信息传输为核心目标与教育落点的言语符号系统，具有鲜明的意识形态属性，这是高校思想政治教育话语与其他类型的教育话语的重要"分水岭"。

（二）话语目的具有明确地思想建构性

高校思想政治教育话语在对教育主体传输的教育信息进行描述与反映的同时，还承担着教育双方交互对话、平等和谐的话语关系建构的重要使命，从而为高校思想政治教育话语的有效性提供重要保障。作为以语言为介体得以进行的教育实践活动，高校思想政治教育话语的沟通功用凸显，教育双方唯有实现富有实效的沟通，才能进一步实现认知层面最大共识的达成、情感层面最强共鸣的生成以及心灵层面最深感触的形成，进而增进广大受教育者对于话语内容的思想内化与行为外化，增强高校思想政治教育的有效性。

（三）话语信息具有清晰的学科逻辑性

蕴含高校思想政治教育话语信息的话语体系是马克思主义理论学科体系的重要表征形式，直接展现了该话语体系的学术性质与学科归属。鉴于学科门类的异同，其话语体系也有所区别，而形态各异的话语体系投射出不同的理论基础、分析框架与逻辑进路。高校思想政治教育话语中概括着马克思主义理论体系这一知识性、理论性科学体系。在高校思想政治教育话语传播过程中，受教育者对于马克思主义基本原理和中国化马克思主义系列成果等理论知识的认知与掌握是其重要着力点之一，由此，高校思想政治教育话语的学科知识性特征可见一斑。

（四）话语表述具有强烈的与时俱进性

由于同特定的语境密切相关，故可以将高校思想政治教育话语看作特殊的历史表征。在时空演进中，话语的更迭与变迁具有必然性。高校思想政治教育话语是基于特定的语境并依据一定的话语范式形成的规范化的教育言语符号系统，意即话语表述"要与时代发展与社会变革的步伐保持一致，使话语风格、形式、内容等与时代语境相对接"。在高校思想政治教育话语与现代社会"共境"的过程中，一方面要注意彰显话语内容的开放性，即高校思想政治教育话语并不是以僵化的知识性教条、封闭的话语生成境域为特质的一成不变的话语体系，而是需要以开放包容的姿态充分吸收其他话语体系中的合理性、科学性成分为高校思想政治教育话语的建构与发展所用。高校思想政治教育话语只有与时代发展、社会进步保持同步，适时借鉴话语研究的创新性成果，充分吸收思想政治教育双方的建议反馈，进而对话语体系进行修正与完善，才能永葆其话语的生命力与感召力。另一方面，在高校思想政治教育话语表述与时俱进、开放包容特性彰显的同时，也要明确其话语并不是随意的、无规则的对其开放性特征的彰显，而要在相对稳定性的前提下予以推进。进言之，作为集中体现党和国家意识形态特性的高校思想政治教育话语，具有一定程度上的稳定性，只是表现方法与形式等层面的调整，不会发生质的层面的较大变动。基于此，高校思想政治教育话语在开放性原则下只是根据社会变化发展与主体认识水准的变动而进行方法、载体及形式的微调，而不会对话语内核性因素进行彻底革新。

二、矛盾与挑战：高校思想政治教育话语的现代境遇

（一）高校思想政治教育话语的时代困境

1. 多元文化交融的下异质性趋向遮蔽了高校思想政治教育话语的主导力

在以多元多样共在、公共空间凸显、阶层利益分化、社会热点频发等为基本特征的当代社会，固有的高校思想政治教育话语范式、理念、内容及方法等与当代社会发展的现实境况有诸多对冲，形成了多维度的断层表征：以思辨、建构为特征的文本话语与以通俗、通约为特征的网络话语；以严肃、正式为特征的教育话语与以幽默、鲜活为特征的生活话语；以深邃、睿智为特征的精英话语与以简约、朴素为特征的大众话语；如此等等。在多重文化境遇下，网络话语、大众话语、生活话语、公共话语以及外来话语形成"众声喧哗"的多层化话语场域与话语力量共生的复杂情势，旨在聚焦于广大受

教育者意义世界与生命成长的高校思想政治教育话语在现代话语场域中的主导力渐趋弱化，对于时代问题与个体困惑的解答能力日益低下，呈现出高校思想政治教育话语地位、内容、结构及功能等层面的"中心化"与话语意义及话语实效"边缘化"共生的时代怪象。高校思想政治教育面对崭新的现代话语语境，新媒体技术驱动的"微传播""微文化"等现代话语媒介衍生出诸如平民化、平等化、大众化即普遍化等话语表征，加之广大受教育者对个性化、异质化的话语范式情有独钟，致使体现主流意识形态要求的价值取向与行为模式屡遭尴尬，广大受教者思想理念、政治观点与道德判断受到极大冲击，甚至"不相信任何单一的理论框架、大叙事或终极性基础"。对以新媒体为核心载体的异质性文化形式与话语方式过度青睐，对以马克思主义理论教育与社会主义主流意识形态认同为内核的高校思想政治教育话语则多加以拒斥、拆解甚至恶搞，高校思想政治教育话语遭遇戏谑与消解，话语的主体性权威地位、价值导向与话语方式等均面临现代解构的风险。

2. 学理建构性研究理路统摄下的学院化走向降低了高校思想政治教育话语的引领力

在传统型高校思想政治教育话语生成研究过程中，一方面，应理论建构、学科建设之需，以"科学化"为核心归宿的教育话语研究，注重概念的逻辑演绎、理论推理及多维概念、内涵的确证，致使诸多生硬、刻板、教条意味十足的科学主义理念和范式浸入高校思想政治教育理论与实践，使得其研究渐趋偏离现实体验、摒弃教育情境，一味钟情于对相关概念、原理及原则的逻辑思辨与演绎，逐步异化为远离生活和现实的"玄学"。然而，现代情境下广大受教育者的积极性与主动性被激活，面对以平等、交互等为核心特质的网络媒介，高校思想政治教育中受教育者的话语意识被唤醒，以理论思辨为核心表征的高校思想政治教育话语的感召力大打折扣，受教育者的现实体验长期处于被遮蔽状态。另一方面，作为人文社会科学研究的重要组成部分，高校思想政治教育话语固然有科学性，但其学科特性决定了其话语的鲜明特质，即立足社会现实对广大受教育者进行意识形态教育的独特功用，也是其话语本质之体现。然而，由于对高校思想政治教育话语的意识形态性认识的缺位与政治敏感性的缺乏，有少数思想政治教育者对高校思想政治教育话语的沟通性、建构性、逻辑性等知识性与学理性问题予以过度关注，而对话语的意识形态性表征采取了在有意抑或无意中予以规避的态度，这就从一定程度上致使高校思想政治教育话语意识形态整合特性发生弱化现象，对高校思想政治教育话语的学术性与意识形态性的系统建构产生肢解效应，最终"使思想政治教育失去它的整体性和系统性，从而陷入困境之中"。

3. 传统思维观笼罩下的单向化传输阻滞了高校思想政治教育话语的亲和力

长期以来，以人的自由全面发展为旨归，以人性的生成与人格的完善为核心目标的高校思想政治教育话语发展受限于以明确地主客体界分为特点的单向度教育模式，殊不知"人性毋宁像一棵树，需要朝各个方面去成长与发展，并且是根据使它成为一个活体生命的内在力量的倾向去成长与发展的"。教育者因其居处的教育主导地位而长期把控高校思想政治教育话语权，一味将教育对象视为亟待接受教育的客体，对其在教育过程中的主观能动性和鲜活个性等人性特征予以漠视。依据福柯的话语理论来看，在某一话语进行的同时也表征着权力关系的运作。与此同时，"知识和信息的分配必然影响权力的分配"。因此，在传统教育思维观规制下，集知识优势与信息优势于一身的教育者在高校思想政治教育话语体系建构与实践运用层面占据权威地位，享有话语教育的主动权、研判权、解释权和发言权，向广大受教育者单向传递政治知识与价值观点而无视受教育者话语权的合理拥有与话语空间的合理分配。然而，伴随社会现代性的生长，"新媒体'超时空'、'双向互动'、'多人参与'的传播特性，使社会话语环境有了从'权威环境'向'博弈环境'发展的可能性"。诚然，伴随高校思想政治教育的发展，尽管有了由主客二分的教育模式向主体间性教育模式的转换以及教育双方互动性、交往性教育关系的倡导，但囿于"话语权虚化"所引发的实质层面教育双方话语共享与交往关系的不可通约性，教育者仍然处于实际的话语权威与教育主导地位，高校思想政治教育话语依然呈现单向、封闭之势，对广大教育对象的规训与支配遮蔽了应有的话语意义与精神建构。

4. 生活世界生成下的情境化错位窄化了高校思想政治教育话语的辐射力

话语与特定语境的契合是话语价值彰显与功用发挥得重要支点，高校思想政治教育话语借助一定语境产生实效。面对现代性语境，以集体规训为特质的高校思想政治教育话语范式仍占主导。经由这一话语范式，高校思想政治教育出现教育对象思想意识与行为模式"趋同化"倾向，殊不知教育规训乃受教育者独特个性生成的桎梏。不仅如此，传统型高校思想政治教育话语多以政治理论宣导、上级文件精神传达学习等以严肃性、庄重性和组织性为核心表征，与现代生活实践情境下以人文关怀和心理疏导为特质的生动性、活泼性、娱乐性话语需求形成强大的话语张力。高校思想政治教育话语内容长期脱离于生活世界之外，与受教育者生活情境与生命体验缺乏有效对接，呈现出话语偏重事理的阐述与描摹而缺乏情感的交融与共生、青睐宏大事件的关照而疏远微小叙事的介入、注重"高、大、空、远"的话语宣传而忽略了"平、实、短、小"的生活感悟，由此形成了高校思想政治教育中抽象晦涩、空洞无物、不接地气以及没有实效的"自我陶醉"式话语样态。

（二）高校思想政治教育话语困境的深层审理

1. 技术性境遇下高校思想政治教育话语意义世界追问的缺失

人的全面发展是思想政治教育的最终目标。具体而言，即在高校思想政治教育话语实践中，要坚持以"人本"而非"物本"抑或"神本"的致思理路，以马克思主义关于人的本质的经典论断为核心，在育人旨归层面实现科技能力与人文情怀、物质需求与精神建构、政治素养与道德品质及知识储备与能力提升等向度的全方位发展。当前我国正值社会转型的关键期，多元化的社会主体在物质利益条件的驱动下自身行为选择愈加盲目与自发，渐趋形成了对于物质世界的极端化追逐而对意义世界、内在发展和精神建构的过度忽视。进言之，高校思想政治教育话语本应具有的理性价值被社会主义市场经济体制驱动下伴生的工具性价值所遮蔽，高校思想政治教育话语本应有的对生命个体意义世界的建构使命因技术化、知识性与统一性等工具性价值因素制约而发生异化。高校思想政治教育话语的内源性价值诉求被外在化的功利性追求所宰制，教育话语的价值趋向于社会规约下的标准化人才培育，个体的个性特征与发展规律被社会规制掩盖。与此同时，高校思想政治教育话语意义的建构仅仅局限于文本宣讲、知识灌输、逻辑思辨等工具意义层面，注重教育对象对固定知识体系的记诵、指标体系的完成等方面的培养与教育，没有触及社会生活世界、主体精神成长与意义生成等价值层面的沉思。这样一种教育话语无法获得教育对象内心共鸣，更勿奢谈教育对象真正意义上的行为外化，凸显出深深的无力感。要适时超越传统型高校思想政治教育话语思维模式与研究视域，着眼于高校思想政治教育话语意义世界的追问、反思与超越，从工具性解读转向价值性阐释，摒弃传统经验性、思辨性教育范式，直面丰富多彩的生活世界、生动活泼的生命体验及鲜活跃动的精神丰盈，实现高校思想政治教育话语意义世界的建构与生成。

2. 碎片化语境下高校思想政治教育话语视域融合能力的钝化

思想政治教育话语发展与演进澄明，在不同的时代拐点，高校思想政治教育话语面临多重化际遇，衍生出形态各异的思想政治教育话语理念、方法及内容，形成了高校思想政治教育话语的传统积淀。虽然国内有学者在论著中指出思想政治教育"学科传统暗弱"，即思想政治教育在一定意义层面缺乏历史沉淀和传统支撑，但对于思想政治教育的研究不能脱离历史语境与当代情境。在现代社会发展中，由经济结构变动所引发的社会分工的精细化、阶层利益的多维化造成社会心态的多元化与社会思潮的繁杂化，这对以社会主义主流意识形态宣传与引领为主要任务的高校思想政治教育产生一定程度的冲击。这样一来，社会传统价值体系、理念趋于消解，与此同时，现代社会价值体系的建构、形塑与普及尚未完成。即在社会价值体系"破"与"立"的进程中需要有效的衔接以避免高校思想政治教育传统与现代的断裂所引发的无序化、解构化和碎片化危机。以多媒体、自媒体、微媒体以及融合媒体等传播介体为核心承载的话语传播、表述模式的现代生成与高速蔓延，使高校思想政治教育话语的传导也由先前的"一体化""单一化"趋于"碎片化""网状化"。教育双方拟入相关话语信息并在新媒体平台发布，信息即可同时在不同主体间交互呈现，传统型思想政治教育话语的时空壁垒被打破，长期以来所承袭的高校思想政治教育话语场域被消解。此外，在现代转型中，高校思想政治教育话语主体一味以现代视域审视教育理论与实践，对教育理念、内涵、内容和方法的认识与理解建立在传统与现代完全割裂的前提下，无法产生历史向度和现代向度的"视域融合"。

3.公共化情势下高校思想政治教育话语主流价值引领的乏力

在经济全球运行与文化多样共融的情势下，公共性在当代社会得到前所未有的彰显。然而，现代社会个人自我意识与个人本位关注迅速膨胀，对于集体和社会的意识水准渐趋低下，个体的公共理性与公共精神日渐衰萎。纵观教育领域，现代性教育的核心表征是以学生个体的利益为中心，以占有式的个人成才为主基调的教育结构所催生的占有型和功利型个人利己主义情愫已然成为隐性的教育价值。反映到高校思想政治教育话语建构中，以集体主义、社会本位为内核的传统型话语体系渐趋迟滞与无效。由于个人利益最大化成为广大受教育者的关注焦点，这样一来，现代社会所催生的公共领域、公共空间只不过被看作是为了获取个人利益而需要彼此竞争的容易产生张力与冲突的问题领域，而不再具有强大的公共性与包容性。现代生存范式催生了"个体化、个性化和私人生活空间与价值世界的时代"。进言之，"对于什么是公民、什么是良好的社会、正义的社会，对于什么是公共福祉，他们完全是站在个人利益的立场上来理解的，他们无法从公共的立场以公共精神来看待这一切"。在社会公共性无法有机凝聚与顺利认同的情形下，作为社会中的个体渐趋形成了单向度的生活模式与去道德化的价值指向，个体生命的人所具有的社会关系总和的"共性"特征趋于消逝，以主流价值教育为内核与主线的高校思想政治教育话语呈现引领乏力的窘态。

三、反思与超越：思想政治教育话语现代转型的逻辑进路

（一）多维共在化：高校思想政治教育话语内容整合

在传统思想政治教育的研究理路中，学界多将强烈的意识形态属性看作思想政治教育理论生长与实践生成的重要本质规定。进言之，运用教育的手段引领广大受教育者树立马克思主义意识形态认同、维护国家意识形态安全是思想政治教育的核心使命，即思想政治教育"作为一种意识形态实践的话语从权利关系的各种立场建立、培养、维护和改变世界的意义"，这体现了学界对思想政治教育属性科学探索的政治自觉。从本质规定层面出发，强烈的意识形态性是思想政治教育本质、目标、地位与功用的集中体现。因此，高校思想政治教育话语内容的创新与整合要坚持马克思主义作为指导思想的一元性与主导性的前提下，着力于对传统性思想政治教育话语进行合理借鉴，与事关受教育者成长成才各领域思想政治教育话语资源的整合提炼，积极构建在社会主导型思维范式下契合集体心理图景与个体认知想象图景的思想政治教育话语内容体系。一方面要紧密结合以新媒体、自媒体与融合媒体等为典型代表、以网络化、动态化与多元化为突出表征的现代信息社会的时代境况；另一方面要深度整合道德话语、生活话语、公共交往话语等彰显思想政治教育话语社会性、实践性与时代性的话语内容，注重多元化语境下思想政治教育话语内容的主导性、融合性与创新性，进一步凸显其对广大受教育者思想观念、政治观点与道德行为等层面的思想引领与实践驱动，提升教育对象认知能力与体悟水准、提升全社会思想道德素养和文明程度。

（二）生活体验性：高校思想政治教育话语价值超越

话语作为实现人际交往的一种重要载体，是人际关系建立与社会性"类存在"的重要支点，话语双方的互动与沟通是话语取得实效的重要变量。伴随社会转型与变革，个性、异质、多元等成为当代生活世界的关键词，"思想政治教育话语应当能够反映出浓郁的生活气息，鲜明地表达出人们的社会生活需要与价值关切，注重社会成员的民生的内容，增加其人文精神与社会关怀，表达出思想政治教育应有的人文品位"。因此，我们不仅要依托宏大的理论建构理性世界，还要立足于广大受教育者的生活向度，要注意关照其生活世界的鲜活性、丰富性及实践性，实现高校思想政治教育话语由逻辑思辨视域向生活实践视域的有机拓展，彰显思想政治教育话语的时代价值。这一转换意在将恬静的教育叙事与灵动的个体生命相融合、深邃的理性力量与唯美的生活体验相对接。以生活实践性为核心表征的高校思想政治教育话语与生

活世界有机结合，面向日常生活的交流之需并结合社会时空境遇，语言风格清新、通俗。要摒弃理论文本的单体式话语逻辑，将对人的抽象性理解拉回到现实生活维度，以"现实的有生命的人"为逻辑始基，对个体在生活世界中的积极、能动及主体性地位与功用给予充分尊重。要注重从缤纷斑斓的日常生活中撷取思想政治教育话语的内容、风格及表现手法，实现思想政治教育话语生活向度的价值超越。

（三）交往引导式：高校思想政治教育话语方式转换

在传统型高校思想政治教育话语方式中，教育者主导了思想政治教育理论知识的讲授，支配了思想政治教育话语资源及话语权力的分布，控制了思想政治教育话语的阐释力，广大受教育者的话语自觉与话语能量囿于教育者的话语控制无法合理释放。然而"人与人的交往是双方（我与你）的对话与敞亮，这种我与你的关系是人类历史文化的核心。可以说，任何终端这种我你的对话关系，均使人类萎缩"。显然，这种建基于威权主义认知模型的话语教育方式仅仅将受教育者作为话语教育的客体对待而无视其积极主动性的彰显，易造成受教育者话语权与话语空间的"悬空化"。基于此，要着力于从单向控制式到交往引导式的高校思想政治教育话语方式转换。其一，高校思想政治教育话语要凸显受教育者的话语主体地位。要对受教育者在高校思想政治教育话语实践中的主体地位予以体认并确保其在话语过程中主体性的积极彰显。一方面教育者要对传统意义层面的威权式、单向度话语教育姿态进行积极扬弃，认同并接纳受教育在话语教育中的主体性；另一方面广大受教育者要增进话语教育的主体性自觉，不断发掘自身参与高校思想政治教育话语实践的能动性与创造性。其二，高校思想政治教育话语要积极建构交互型交往模式。积极倡导"双主体"话语教育模式的发展，摒弃以"主客二分"为基本定位的话语范式的牵绊，注重广大受教育者在高校思想政治教育话语中思想观点与看法主张的合理彰显。话语双方以正向、真诚、理解的话语姿态共同介入思想政治教育过程，倡导教育教学中的话语平权，经由教育双方的平等式深度对话，催生以"交往与引导"为核心特质的高校思想政治教育新型话语方式。与此同时，要深刻体悟到话语的核心价值在于经由沟通和交流的手段促成话语参与方之间的联系与交往以达到理解的目的，进而在"理解"这一行为合作化机制的催生下使个体实现自身个性化与整体社会化的有机统一。此外，思想政治教育话语价值意义追问中，情感因素必不可少。"对终极价值和绝对真理的虔敬是一切教育的本质，缺少对'绝对'的热情，人就不能生存，或者人就活得不像一个人，一切就变得没有意义。"教育者在教育话语中要秉持对话、互动、尊重、信任的教育原则，要在传递话语真理力量的同时注重积极的情感力量的注入。

（四）现代共享型：高校思想政治教育话语理念创新

要确保高校思想政治教育话语的主导性与统领性，就要顺应当前社会转型的时代诉求，积极凝聚时代精华，突出时代性主题，彰显时代性表征。将当前社会文化、校园文化中内渗的合理诉求及时整合进入高校思想政治教育话语系统，在确保马克思主义意识形态主导地位的同时，增强高校思想政治教育话语的感召力、辐射力与生命力。

与此同时，现代共享型高校思想政治教育话语理念不单单局限于话语内涵与外延层面的完善与丰富，还涵括话语传播观念的拓新与延展。基于平等、开放、交互的新媒体信息平台，传统型高校思想政治教育话语中教育者对话语的独享、独白特质被消解。在此情势下，我们亟待紧随现代社会虚拟性话语空间发育成长的现代向度，将高校思想政治教育话语由现实场域向虚拟场域跃迁，积极运用新媒体平台图文共现、影音共融、时空共在与平等共进等技术性特质充分彰显高校思想政治教育话语共享性时代特点，将新媒体话语合理融入现代高校思想政治教育话语体系。需要作出说明的是，对于高校思想政治教育话语虚拟场域的关注与倚重，并非意味着现实话语场域地位的忽视与旁落。虚拟场域话语效用的彰显须臾离不开现实场域的基础性与前提性支撑，两者间并不是彼此冲突、相互矛盾的存在，而是具有互为补充、协同共进的实践特质。

高校思想政治教育话语除却对于网络虚拟空间的介入与巩固外，教育者也要将目光投向现实教育场域，以受教育者的实际诉求为中心，通过情感共融等方式真正走进广大受教育者的心灵世界，消解教育双方的"情感代沟"，以增进高校思想政治教育话语的吸引力与感染力。与此同时，要注意将高校思想政治教育话语这一核心介体放置于与平等、开放和包容为主要特征的现实话语场域中，不单单将其视为对于马克思主义意识形态的单向度传输及政治理论、政策文件等的僵化解析，进而异化为毫无生气的话语符号体系，要注意立足于受教育者的知识体系、认知特点与现有立场，以平等交流、真诚沟通的形式对教育话语进行讨论、建构与重塑，荡涤传统型高校思想政治教育话语的沉闷、乏味气息，在对广大受教育者话语主体地位充分体认的基础上着力于虚拟场域与现实场域的有机融合，着力于高校思想政治教育话语理念的创新。

第三节 新媒体时代大学生思想政治教育话语的现代转换

话语，承载着人与人之间的信息交流，是大学生思想政治教育的重要载体。借由话语，思想政治教育工作者阐释理论、归纳观点、传播思想，影响和凝聚人心，最终实现立德树人的根本目标。然而，新媒体技术的应用加快着社会文化环境的改变，更凸显了当前大学生思想政治教育话语在内容展示、传播形式以及价值取向方面的问题。如何创新大学生思想政治教育话语，巩固传统优势抢占新媒体阵地，需要进行深入研究。

一、新媒体视角下大学生思想政治教育的话语困境

（一）话语内容刻板严肃

长期以来，大学生思想政治教育话语以政治性内容为主导，思想性指导和人本性体验略有欠缺。日常的教育教学实践中，针对大学生的思想政治教育话语，尤其最根本的理论政策类教育，很多时候与政府部门、学术科研机构甚至企事业单位没有明显区别或者仅有微小变动。以"一词"应对"众口"，显然不能满足不同群体的多样化需求。教材编写甚至课堂讲授，也站在教育者的角度阐述观点论证思想，而非从受教育者的角度考虑其自身发展和接受意愿。这势必导致思想政治教育成为大学生口中"高高在上"的、国家层面"强制推行"的教育形式，大学生难以将其与自身的成长和发展相结合，使接受缺乏内生动力。

新媒体环境下，这种政治性主导的内容表达更是缺乏市场。新媒体传播具有实时高效、匿名多向、消解传受双方边界等特征。大学生可以通过门户网站、微信、微博、QQ、贴吧、各类 APP 等获取信息资源，根据个人意愿和兴趣归属建立交往群落，逐渐形成了具有时代特色的亚文化话语体系，以彰显个性为特质，运用网络流行语、各类段子、励志鸡汤文等话语形式，以娱乐化多向传播挑战传统意识形态文化的严肃"官方脸"，思想政治教育话语与大学生亚文化话语存有巨大缝隙，传统政治性主导的话语表达，难以激发大学生的学习热情。

（二）话语传播灌输单向化

灌输，是大学生思想政治教育工作的重要原则和方法，曾在我国革命和建设的实践中发挥了巨大作用，依照反复灌输原则面向民众进行思想教育，有效凝聚了社会共识。关于"灌输"概念，马克思、恩格斯时期已有灌输论的初步萌芽，真正对灌输论进行完整系统论述的是列宁。为解决当时革命面临的现实问题，列宁撰写了《怎么办？——我们运动中的迫切问题》一文，详细论述了群众的自发性和社会民主党的自觉性的关系，指出工人阶级社会主义意识的形成应依靠外部灌输，系统阐释了"灌输"思想。他指出："工人本来也不可能有社会民主主义的意识。这种意识只能从外面灌输进去，各国的历史都证明：工人阶级单靠自己本身的力量，只能形成工联主义的意识。"列宁的灌输论思想引入中国后，逐渐成为思想政治教育学科的理论支撑，对马克思主义理论教育的实施产生了极为重要的影响。

灌输，作为思想政治教育的原则，强调从外界对受教育者重复施加影响，以达到提升教育效果的目的，这符合人类学习过程的心理学接受规律。然而，推崇教育者的权威，仅仅采用自上而下的方式强制性单向灌输，这在新媒体环境下，是落后于时代发展要求的。当前，部分大学生对于思想政治教育的排斥甚至淡漠反应，正是由于长期的强制性单向灌输，忽视了大学生的心理特征和行为特点，使得教育者不了解大学生的真实需求和话语偏好，无法得知大学生的实际关注点，从而无法完成思想政治话语的有效转换。

（三）话语价值导向理想化

思想政治教育具有价值导向功能。然而，当前高校思想政治教育的价值导向功能并未得到有效发挥，究其原因主要是价值导向过于理想化，脱离社会主义市场经济发展实际，未能满足大学生个体发展的利益需求。马克思认为利益驱动是人类社会发展的内在动力，认为"'思想'一旦离开'利益'，就一定会使自己出丑"。"人们奋斗所争取的一切，都同他们的利益相关"。同时，马克思、恩格斯注重群体利益，也就是无产阶级的整体利益，强调"过去的一切运动都是少数人的，或者为少数人谋利益的运动。无产阶级的运动是绝大多数人的，为绝大多数人谋利益的独立的运动"。人类发展史的实践也表明，个人利益与群体利益的双向满足，才能促进个人和社会的和谐发展。中华人民共和国成立之初，经济发展落后，社会资源严重匮乏，需统一思想凝聚共识，集中力量推动经济发展，思想政治教育工作主要是从群体利益的层面来阐释和推进的，在当时特定的历史环境下，这种高占位的思想政治教育话语体系发挥了积极的作用。

伴随着新媒体技术的迅猛发展，经济社会环境发生了深刻变革，人们的价值选择和价值判断较以往发生了很大变化。比如更加注重个体感受和个性彰显，更加关注个人正当利益的满足等。价值引导需借助话语表达，然而当前大学生思想政治教育仍旧坚持传统的话语体系，注重大学生个性发展的微观视角仍未得到足够重视，社会现实状况与教育理论的缝隙，使得大学生认为思想政治教育话语表达与市场经济的实际利益取向存在较大差异，弱化了教育的影响力。

二、新媒体优势与大学生思想政治教育话语转换

（一）新媒体传播即时高效，能够提升思想政治教育话语传播的效率

新媒体技术的应用，大大提升了信息传播的效率。新媒体环境下，信息传播的门槛降低，借助电脑、手机、平板等设备，任何人都可以成为信息采集、编辑、传播的主体，无须经过议程设置、作品制作、审核把关、编辑校对等环节，将传播效率提升到了极致。信息传播不再仅仅是专业人士的特权，传播的专业性有所降低，使传播效率飞速提升。秒速更新、实时互动、"人人都有麦克风"，成为新媒体传播的突出特征。大学生思想政治教育应顺势而为，利用新媒体即时高效的优势，创新思想政治教育话语，及时解读国内外时事热点和大学生关注的社会现实问题。

（二）新媒体表现方式灵活多变，能够增强思想政治教育话语的吸引力

首先，新媒体构建起形式多样的信息交互平台，用户可以根据表达习惯、兴趣爱好、技术偏好自主选择使用，提升了用户体验。其次，新媒体环境的信息传播，除了使用文字、图片等传统形式，更倾向于视频、音频、动画、漫画、虚拟现实技术等多触觉通道的加入，传播方式日趋丰富，增强了信息传播的吸引力。再次，新媒体实现了信息传播的双向、多向互动，改变了传统媒体的单向度传播模式，所有用户都有机会参与信息的传播、评论、反馈，激发了民众表达的热情。

大学生群体思维活跃，对新生事物接受能力强，其求新、求异、求变的心理特征，决定了他们能够很快接受各类新媒体平台，并能适应新媒体的传播模式和表达方式。教育工作者只有了解这些新媒体平台的运行模式和表达方式，掌握当前大学生的思想、行为特点和利益诉求点，畅通互动渠道，运用大学生喜闻乐见的话语表达方式展开教育活动，才能激发大学生的接受热情。

（三）新媒体传播覆盖面广，能够扩展思想政治教育话语的影响空间

首先，伴随着新媒体技术的不断更新，信息传播逐渐实现了跨越时空界限的全域化传播。新媒体技术的应用，减少了信息传播的时空限制，这是新媒体的技术价值。其次，新媒体对社会文化具有塑造作用。新媒体出现以来，从经济、政治和文化各个层面影响着社会发展，改变着民众的日常生活，其社会影响力不断提升。"低头族"的出现，就是新媒体塑造社会文化的典型例证。手机本是信息传播的物质载体，最初只是作为工具来界定。然而，它改变着人与人的交流模式，孕育着新的思维方式和生活方式。越来越多的低头族出现，"手机依赖"成为一种文化，也从反面印证了新媒体对社会文化的塑造作用。当代大学生是在新媒体环境下成长起来的，是新媒体的主流使用者和坚定拥趸。新媒体传播跨越时空界限的技术特性和对社会文化塑造的价值属性，能够扩大思想政治教育话语的影响空间。

三、新媒体时代大学生思想政治教育话语转换的路径探索

新媒体时代，大学生思想政治教育的传统媒体优势不能丢，新媒体又是必须要抢占的新阵地，而话语转换是抢占新媒体阵地的重要切入点。需要明确地是，话语转换不仅是表达方式的变化，而且涉及思维方式、价值取向等多个层面，我们应从转变思维方式、提升话语内容的针对性、转换话语表达方式等层面逐层推进。

（一）教育者思维方式的现代转换

1. 传统的"强权"输入思维到平等互动思维的转换

单向输入的思维模式下，教育者是高高在上的"权力者"，受教育者是被动输入的对象，忽视了使教育者作为人的自主能动性。进入新媒体时代，海量信息的零成本获取彻底打破了传统的信息控制模式，价值观多元化削弱了传统思想政治教育的权威，传统的反复灌输效用有所削弱。要实现教育者和大学生的良性互动，应在双方的平等交流、和谐互动上下功夫，将大学生视为平等交流的主体，研究其心理特点和接受规律，重视其对教育效果的反馈，增强价值观多元化境况下的舆论引导能力。这是大学生思想政治教育话语转换的前提。

2. 坚持学理性思维与实践应用性思维并重的原则

对于思想政治教育学科而言，科学的理论是学科构建的基础，概念清楚、论证严密，是学科逻辑体系构建的基本要求。然而，同样不可忽视的是理论与实际生活的连接。著名教育理论家叶圣陶先生曾论述过理论与实际方法运

用的关系，指出理论是事物发展的原则和根本，而方法则要因地制宜随时调整和变化。他指出："理论乃根本，乃原则。根本定，原则立，自能左右逢源，自由适应。方法则随事而变，难以隅反也。"这也提示大学生思想教育工作者，必须坚持学理性思维与应用实践性思维并重的原则，在重视学科理论建设的同时，要根据大学生思想政治教育的多样化实践，调整教育方法、优化教育理念，采取贴近大学生生活实际的话语体系和教育方法来提升教育实效。

（二）话语内容的价值取向转换

1.坚持工具理性和价值理性的互补统一

以工具理性来分析大学生思想政治教育，教育者应该站在国家和社会发展的立场上，将思想政治教育作为规范大学生思想和统一社会共识的工具，教育的最终落脚点是政治价值观的传导以及社会思想的统一。以价值理性来衡量大学生思想政治教育，教育者则应该关注思想政治教育行为本身的意义和价值，不仅包括教育目标实现的意义，还应包括大学生成长的价值以及教育过程本身的价值。价值理性赋予思想政治教育的主体、客体以及最终教育目标的达成以价值和意义，代表着教育者的价值取向和信仰。大学生思想政治教育应坚持工具理性和价值理性相统一的价值原则，既强调教育目标实现的方法和手段的有效性，又强调教育本身及教育对社会发展的价值性。

只有坚持工具理性和价值理性的互补统一，剔除价值取向引导的简单化倾向和过度理想化成分，实现教育价值引导从理想化的"圣人"到具体社会环境中"人"的转换，才能真正发挥大学生思想政治教育的价值导向作用。

2.坚持以人为本的价值取向引导

大学生正处于世界观、人生观、价值观形成的关键时期，这一时期的大学生好奇心和求知欲强，但缺乏社会阅历和实践历练，对于社会上发生的热点问题和现实问题关注较多，但容易被他人言论或者媒体舆论影响，难以形成稳定可靠的认知。教育工作者对这些问题应及时反应、合理解释、科学引导，有利于帮助大学生科学认知、正确决策。

故而，话语建构必须坚持以人为本的价值取向，以大学生的成长、成才为出发点，同时契合社会发展需求；要考察大学生的实际生存状态，及时回应社会现实中的热点、难点问题，不回避、不讳饰、不隐瞒；要重视大学生的个性化需求，分析大学生群体的行为偏好及其背后的心理和社会原因，充分运用新媒体技术，结合与大学生的信息互动和反馈，有针对性地改进话语表达方式，提升思想政治教育的话语魅力。应贴近大学生生活实际，借助大学生喜欢的语言形式，依托特点各异的新媒体平台，运用轻松活泼的话语表达方式传达理念、解释现实，进行思想引导和政治教育。

（三）推动多重话语体系的融合互补

当前大学生思想政治教育的话语体系，主要包括政治话语、学术话语和大众话语三种形式，其中政治话语的占比较大。不同类型的话语体现了不同话语主体的思想倾向和需求表达，政治话语主要代表了国家和政府各级部门的意识形态工作者的要求，学术话语的主体则是各高校、科研机构的教师、学者和研究人员，而大众话语则代表了新媒体时代广大民众的话语趋向。大学生对于思想政治教育的要求，是贴近生活实际并能助益于社会进步和自身发展，是活泼、生动、双向的思想交流，而不仅囿于政治性地理论灌输，学术式的论证或者高高在上的解释和说教。当前思想政治教育的多类型话语体系，急需依据新媒体时代大学生成长成才的内在要求以及国家社会发展的需要，有重点分层次地调整整合。

新媒体境遇下，大学生对于国家和社会的发展十分关注。依托便利的技术条件，他们参与社会政治事件或者热点问题的讨论，表达政治观点和政治倾向，政治主体意识和责任意识不断增强，思想政治教育的政治话语有助于引导大学生把握正确的政治方向。然而，当前的思想政治教育话语体系以政治性话语为主导，规范性强而思想性不足，严谨性要求高而生动性有所欠缺，过于强调政治教育的权威性、主导性却忽略了思想性引导和情感化体验，对于在新媒体环境中长大的大学生而言，显然过于"刻板空洞"了。这为政治话语的现代转换提出了要求，政治话语应与大学生生活实际相贴和，注重学理性思考和生活化表达，增加政治教育的思想性和人本性，逐步实现与学术话语、大众话语融合转换。

学者们研究大学生思想政治教育的规律，运用学术话语探讨学科的理论发展和实际应用问题。应该说，学术研究代表着学科发展的方向和未来，构建着日趋完善的思想政治教育思想体系，对于大学生的指引、导向作用无可替代。然而，学术话语表达遵循的是理性、科学原则，而大学生个体的接受习惯则是感性和生活化的，新媒体"草根"、快捷、几无阻碍，更强化了大学生的感性认知习惯，并且绝大多数大学生对于思想政治教育学科仅限于表面的了解和认知，专业理论相对匮乏。要让大学生准确把握思想政治教育的精髓，首先要解决的问题是学术话语的现代转换问题，即在遵循社会发展要求和意识形态建设规律的基础上，用有趣活泼的生活化语言，深入浅出地阐释理论，分析、论证、解决大学生的理论困惑和现实难题。在满足政治教育需求的基础上，实现与大众话语的融合交流。

受时代发展大趋势以及商业行为的影响，大学生对于大众话语的认同度明显增强，思想政治教育话语的价值排序，也应该顺应社会发展要求，将大众话语的位置序列前移。以大众话语为突破口，站在大学生的视角阐释理论、分析问题、解决问题，增强思想政治教育的针对性。需要说明的是，将大众话语的价值序列前移，并不意味着否定政治话语和学术话语的作用，而是凸显对大众话语作用和影响力的重视。同时，教育者应加强大众话语的规范化建设，警惕泛娱乐化倾向和对思想政治教育的浅层化、低俗化理解。大学生思想政治教育的大众话语建设，应符合学科发展的规律和要求，并且与国家的政治教育要求相一致，既珍视大众话语的巨大力量，又保持与政治话语、学术话语的内在一致性，这是对大众话语的规范化要求。

大众话语、政治话语和学术话语共同构成了大学生思想政治教育的话语体系，缺一不可，三者是融合共生的关系。大众话语、政治话语和学术话语，在不同的场域发挥着不同的作用，在不同的社会发展阶段有着不同的表达形式。新媒体繁盛的当今，大众话语借助时代和技术的力量展现着强大的影响力，而政治话语和学术话语则需要根据社会文化需求，不断调整表达方式。三种类型话语多向转换、融合共生，共同为大学生思想政治教育服务。

第四节 新媒体时代高校思想政治教育话语权提升研究

一、高校思想政治教育话语权的基本概述

（一）话语权

从一般意义上看，话语权是一种"权力"，它表现出一种控制力和影响力。不过通过对话语权的研究，本人认为话语权包括两个部分，即"话语权力"和"话语权利"。首先，话语权是一种权利。在现代社会，我们每个人都有选择和使用某种语言的权利，同时又有表达一定思想观点的权利。人与人之间的话语权利是相通的、平等的，也是共存的。其次，话语权是一种权力。通过话语来对他人的思想和行为进行引导和控制。权力与话语紧密结合，福柯曾提出，话语即权力。可以说，话语权是一种主导性的力量。话语权利和话语权力共同构成了话语权，二者是统一的，相互联系的，缺一不可。话语权利和话语权力是相互作用的，一方面，话语权利是话语权的基础，主体首先要有表达话语内容的权利，享有表达思想观点的权利，才能使话语得到传播，进而影响和支配他人。如果没有话语权利，那就不

能发表观点和看法，话语也不能传播，更谈不上话语权的行使。另一方面，话语权力是话语的题中应有之义，并处于核心位置。话语权利的充分实现需要话语权力提供保障。

（二）高校思想政治教育话语权的内涵

一般而言，思想政治教育话语权涉及教育者的话语权，受教育者的话语权及公共领域的话语权等。以上三个要素作为高校思想政治教育话语权的主要组成部分，对其话语权的提升具有重要的意义。对高校思想政治教育话语权的内涵解读可以通过它的这三个主要构成要素来展开。

1. 教育者的话语权

由于教育者的角色优势，加之学习和生活中获得的丰富的信息资源，教育者处于主导地位。尤其是在高校思想政治教育实践活动中，教育者主导地位体现得更加明显，高校思想政治教育话语权首先体现于教育者的话语权。教育者话语权的建立是以思想政治教育主客体的教育关系、交往、需求为基础，教育者凭借其自身优势，将思想政治教育内容传播给受教育者，这一过程中其话语权得以确立。教育者依凭角色的资源，具有知识优势和理论优势，占据话语高度，占据主动权，向受教育者传输价值观念、道德规范和行为准则，引领受教育者的话语，从而使他们得到全面发展，让思想政治教育目标得以实现，回应和满足社会对教育者的期待，促进思想政治教育话语权的产生。同时，教育者应正确认识自己的话语权，合理运用制度和规范赋予的角色定位，防止出现压抑受教育者话语权利的现象，避免话语霸权的产生。

2. 受教育者的话语权

教育者和受教育者既是思想政治教育活动的主体，也是其话语权的主体，二者享有平等的话语权。教育者在向受教育者进行价值观念、政治观点和道德规范教育的同时，他们既有接收的权利，又有讨论、协商、发表言论的权利，受教育者不再是被动地接受者，而是按照自身的需求，选择性的学习，敢于表达自己的观点和看法，在潜移默化中接受思想政治教育的内容。只有拥有一定的话语权，受教育者才能自由地阐述观点，充分行使自己的语言表达和言说权力，实现和教育者平等的沟通交流，发挥自身话语的影响力。教育者的话语权与受教育者的话语权二者之间的关系在平等的基础上又呈现出一种差异性和不平等性。由于教育者与受教育者角色的不同，掌握资源的不平等性，使教育者凭借其自身所具有的优势资源占据主导地位，实现对思想政治教育的话语权的掌握，引导受教育者的思想和行为，帮助他们形成正确的思想意识，促进其全面发展。

3.公共领域的话语权

本文高校思想政治教育公共领域的话语权指教育者和受教育者共享的话语权。不难发现，在高校思想政治教育中，主要是采用思想政治理论课教育教学，常常出现教育者单方面的施加灌输，"一言堂"的现象，造成受教育者对教育者的依赖性。随着网络技术的飞速发展，借助新媒体的海量性、交互性、共享性，高校思想政治教育话语向虚拟领域和微观领域拓展，有效地进行思想政治教育活动。同时，利用新媒体平台信息的即时性、隐蔽性等特点，改变以往教育主体的存在模式，赋予了教育主体二者平等的话语权，有助于开展隐形思想政治教育，拓宽话语领域。

（三）高校思想政治教育话语权的特征

1.主导性

主导性是思想政治教育的重要特征。在对受教育者进行教育的活动中，教育者话语权具有主导性，这种主导性体现在教育者通过思想政治教育话语实现对受教育者思想和行为的引导，教育者处于主动形态及支配地位。教育者本身具有话语资源和话语影响力上的优势，再加上运用合理的话语权力，积极地传递正确、有价值的信息，将会更加有效地影响受教育者。同时，高校思想政治教育的主导性还体现在对受教育者的认同和尊重，教育者与受教育者在话语权上的平等地位，提倡理解、包容和互动，防止话语霸权的出现。

2.育人性

高校思想政治教育是一项育人工程，育人性是高校思想政治教育话语权区别于其他话语权的重要特征。高校思想政治教育话语权中蕴含着教育意义，所表达和主张的教育观点和内容被理论化和系统化为思想政治教育的话语文本，话语文本是教育主体二者之间的交往介质，成为对受教育者进行教育的教材资料。教育者坚持以德育人，找到思想政治教育发展规律，通过引导受教育者内化正确思想，进而外化为正确行为，实现了知识的传递和价值观的传承，从而印证和体现了高校思想政治教育话语权的育人性。

3.互动性

高校思想政治教育话语权是基于思想政治教育话语交往实践而产生的一种关系范畴，它承载着教育关系、思想关系和交往关系的建构和运行，对思想政治教育活动的有效开展起着不可忽视的作用。高校思想政治教育话语权是通过教育者和受教育者之间话语的互动交流，对受教育者进行教育，帮助他们形成正确的思想政治品德。话语不是一方的自说自话，而是双方的互动交流，教育者要正确认识受教育者的思想行为特点，对其进行沟通与引导，帮助他们树立正确的思想观念、价值观念和行为准则。而受教育者对思想政治教育活动作出一定的回应，使所接受的教育同自身内在的思想品德产生矛盾运动，最终形成正确的思想品德，保证思想政治教育活动的实现。所以，任何一方的缺失都不能形成高校思想政治教育话语权。

二、新媒体时代高校思想政治教育话语权提升的必要性

（一）实现高校思想政治教育现代化的迫切需要

对于一个国家而言，政治、经济、科学技术等各个方面都在不断追求现代化，这些也都在促使教育的现代化转型。党的十八大报告中也提到实现教育现代化，发展人民满意的教育。十九大报告指出："优先发展教育事业。建设教育强国是中华民族伟大复兴的基础工程，必须把教育事业放在优先位置，加快教育现代化，办好人民满意的教育。"因此，高校思想政治教育要顺应时代，认清形势，善于利用微观领域，积极开展思想政治教育工作。借助新媒体，构建高校思想政治教育网络平台，形成高效的教学模式，提高其话语权的影响力，加快思想政治教育的现代化的步伐，完成时代给予的重任。

思想政治教育的现代化是利用先进的技术手段，拓宽其话语传播的广度和深入，使受教育者容易接受，从而推动思想政治教育工作有效开展，使其不断地与社会的发展需要相适应，并且满足于社会主义现代化建设和人的全面发展的要求。它是一个动态的、不断转变的过程，主要表现在观念、内容和手段等方面的现代化转变。传统高校思想政治教育形成了课堂控制模式，教育者"一言堂"的现象特别普遍，造成了大学生对教育内容不感兴趣，产生质疑和排斥，不但削弱了高校思想政治教育话语权的影响力，而且阻碍了现代化的进程。新媒体时代的到来极大地影响着大学生的生活、学习和交往的方式，为高校思想政治教育现代化发展提供了新的形势和新的契机。高校大学生是新媒体重要受众者，也是新媒体发展的主要推动力，教育工作者应时刻关注新媒体发展的新动向，积极探索新媒体时代下的优势教育媒体和教育工具，在迅速而准确地掌握大学生思想政治活动的同时，利用新媒体帮助他们解决问题，实现大学生人生观、价值观和社会观的正确塑造，为社会主义现代化建设而服务。因此，高校思想政治教育者要适应时代发展要求，利用新媒体促进高校思想政治教育的现代化，将拓宽高校思想政治教育的阵地，掌握话语主动权，从而实现高校思想政治教育的现代化。

（二）维护高校意识形态安全的必然要求

高校承担着人才培养的重要职能，对帮助大学生树立坚定的社会主义核心价值观有重要的指导意义。新媒体以其强悍的吸引力使大学生群体成为新媒体的受众，深刻影响着大学生的学习、生活、交流以及价值观形成等方方面面。新媒体的"新"在一定程度上改变了高校的文化环境和氛围，使人身在其中容易受到各种意识文化的熏染，其中所包括的价值观有健康积极的，也有极端错误。大学生乐于接受新鲜事物，但辨别是非能力有限，对新观点、新话语不加区分，随着纷繁多样、良莠不齐的思想意识在高校传播和蔓延，大学生容易受到迷惑，腐蚀他们的思想观念。再加上国外历史虚无主义、新自由主义动摇了大学生的主流意识形态，弱化国家民族意识，威胁着高校的意识形态安全。

高校必须牢牢掌握思想政治教育话语权，借助新媒体，进入微观领域，抢占话语制高点，坚持马克思主义指导地位，弘扬社会主义核心价值体系和核心价值观，传播正能量。同时，利用新媒体平台有效表现思想政治教育内容，占据思想政治教育主阵地，掌握话语主动权，弘扬主旋律，传播好声音，增强思想政治教育内容的可接受性，深入人心，扩大正确意识文化对大学生的影响力，使他们内心坚定社会主义核心价值观，坚持主流思想，在形形色色的思潮面前不迷失方向，面对多样化的社会思潮具有敏锐的鉴别力，做出正确的取舍，实现自身的健康成长，从而推动高校思想政治教育的顺利进行，维护高校意识形态安全。

（三）增强高校思想政治教育有效性的必要途径

"思想政治教育的有效性也就是思想政治教育活动在满足人们的相应需要、实现人们的相应目的的方面所表现出的积极特性。"新媒体时代的到来为高校大学生提供了话语空间。但是，大学生正处在成长期，价值观尚未完全确立，可塑性强，许多反动的、不健康的话语夹杂在各种信息中，对大学生产生不利的影响。因此要增强高校思想政治教育有效性，教育者就必须通过掌握话语权，推动思想政治教育活动的有效开展，给大学生正确、积极的思想引导和行为规制，而不是任其自由发展，从各个方面培养大学生，增强高校思想政治教育有效性，为社会主义建设培养合格接班人。

高校思想政治教育是一个突出价值导向的特殊的教育活动，高校思想政治教育话语权作为教育工具，在对大学生进行教育中起着重要的作用，它引导大学生的思想和行为。在新媒体时代下，高校思想政治教育者要进入微观领域，利用新媒体虚拟传播方式，与大学生展开互动交流，同时传播思想政治教育内容。教育者借助网络社交媒体观察大学生的心理发展状况，倾听他们的话语诉求，有针对性地解决问题，使对教育者产生信赖，从而提高思想政治教育话语权的影响力。教育者利用话语资源、角色优势，借助新媒体，发挥主观能动性，将枯燥、单一的话语转变为生动、大学生乐于接受的话语，使双方产生共鸣。改变了教育者同受教育者交流较少的的局面，优化二者的教育关系，从而推动高校思想政治教育有效性的加深。

三、新媒体对高校思想政治教育话语权的影响及原因解析

（一）新媒体对高校思想政治教育的影响

1. 机遇与挑战并存

新媒体为高校思想政治教育带来了机遇。新媒体为大学生思想政治教育工作提供了新的途径，这个途径具有非常明显的针对性，将大学生思想政治教育工作由群体向个体转化，在新媒体上，老师可以及时了解学生动向和思想现状，及时发现学生遇到的困境和问题并有针对性的帮助其解决，打破了时空限制；同时新媒体也对思想政治教育的内容进行了极大丰富，由以往的当面说教转换为图片、文字、视频、音频等多种方式整合在一起的教育内容，突破了思维的局限性，使教育内容更加多元化。

新媒体也对高校思想政治教育带来了巨大挑战。一是新媒体削弱了高校思想政治理论课的主渠道功能，在新媒体中任何人都可以接触到这样或那样的、真实或虚假的信息，这些造成判断力尚不稳定、价值观尚未完全形成的大学生理想信念迷失，同时新媒体的内容不受高校思想政治教育工作的控制，改变了以往灌输式的教育方式。二是新媒体增加了高校思想政治教育的难度，现实生活和课堂中的思想政治教育跟新媒体相比显得单调而枯燥，新媒体的多元化和多样化很容易使大学生受到吸引，这使得某些不良和不健康的信息有机可乘，加上新媒体的信息审核监管不力，使得学生对高校现有的思想政治教育有抵触思想。三是新媒体改变了思想政治教育者的话语权主导地位，以往的教育者和受教育者信息不对等，教育者占据了信息优势，从而掌握了话语权的主导地位，在新媒体时代受教育者可以自主获得更多信息，使教育者逐渐丧失了话语权的主导优势。

2. 话语权提升内涵建设

继续保持高校思想政治教育话语权的主导地位，就要在新媒体时代进行话语权提升内涵建设，这包括以下方面：首先是做到高校的新媒体用户能够熟知并使用思想政治教育话语，达到这点首要解决的问题就是增强大学生对

思想政治教育的认识和理解，通过传播使思想政治教育话语成为日常学习和生活中话语的一部分，在日常的交流中能够使用；其次是做到高校的新媒体用户能够认同并传播思想政治教育话语，这就是我们常说的思想政治教育入脑入心，思想政治教育的话语与大学生的心声同步，在感情上给予认同，并将其内化进其个人思想，愿意学习并主动转发分享。

（二）高校在新媒体话语权弱势表现的原因解析

1.高校新媒体思想政治教育话语体系未及时更新，缺乏时代感

新媒体处于开放的环境，各种意识形态和信息内容充斥其中，这当中不乏经过精心包装的话语体系，向大学生传播西方的价值理念，而我们当前的社会和经济处于发展的调整期，社会结构和利益格局均在进行变革和调整，思想观念也在不断变化，在这种状态下，高校在新媒体上的思想政治教育话语体系尚未建立，仍旧以以往宣教式的话语作为主要内容，缺乏针对性和有效性，已经脱离时代，长此下去只会导致大学生对主流意识形态的排斥和抵触，削弱高校思想政治教育的功能和效果。

2.高校新媒体思想政治教育话语表达过于形式化，缺乏亲切感

高校在新媒体上的思想政治教育话语过于强调正面灌输，内容空洞过于形式化，基本处于自说自话的状态，无法真正入脑入心，更无法做到形成话语权。形式化的内容与当前大学生的思维习惯和语言习惯相左，不符合大学生的口味，"官方语言"更是遭到大学生的屏蔽，导致教育的效果与预期的目标相距甚远，新媒体的教育影响力逐渐降低，话语权有被取代的危险。

3.高校新媒体思想政治教育话语单向传输，缺乏互动感

大学生对于新媒体的使用并不是以单一媒介作为信息获取的渠道，而是多种媒介渠道共同使用，高校在新媒体上的思想政治教育传播的渠道及其广度还远远不够，许多高校的新媒体平台建设并不完善，"一网两微一端"的立体平台没能有效发挥作用（在青岛部分民办高校中尤为突出），而且在开展思想政治教育时仍然坚持单向传输，缺少与大学生的互动，导致吸引力下降，受众群体减少，话语权影响力降低。

4.高校新媒体思想政治教育话语接收对象减少，缺乏存在感

新媒体的传播是多中心的，微信公众号、微博、直播等形式的相继出现，使得新媒体的传播呈现出高度分散的趋势，每一个传播形式都会生成一个相对偏离中心的话语体系，大学生成为这些话语体系的受众对象，同时也是这些话语体系的受众争夺对象，这对高校思想政治教育的接收群进行了挤压，在大学生由以往的"受众者"变为现在的"传播者"，他们关注更多的是自己

认可和接受的内容，而思想政治教育的话语并不是首选，这就导致高校在新媒体上的思想政治教育话语缺乏存在感。

四、新媒体时代高校思想政治教育话语权的提升对策

新媒体的出现及广泛应用对高校教育主体关系、教育对象和教育环境产生了极大的影响，面对这种情况，高校思想政治教育要顺应时代，与时俱进，及时抓住机遇，积极应对挑战。本章立足于新媒体这一时代背景，针对高校思想政治教育话语权所面临的问题及原因，从教育者、受教育者、新媒体平台和外部保障机制四个层面出发，提出新媒体时代高校思想政治教育话语权提升的有效对策。

（一）教育者层面

教育者话语权在思想政治教育活动中发挥着不可替代的作用。教育者话语权是高校思想政治教育话语权的重要构成要素，同时教育者也是高校思想政治教育话语权行使的主体，在话语权的提升上起着主导作用。因此，教育者应立足于新媒体这一时代背景，抓住机遇，使高校思想政治教育进入微观领域，占领阵地。同时也应克服挑战，有效行使话语权，提高其话语权的影响力。具体来说可以从以下几方面进行探索：

1.树立新媒体思维，赢得话语权威

新媒体的迅速发展已经改变了人们的生活方式。然而，当前高校思想政治教育者中，一部分教育者存在新媒体观念滞后，对新媒体产生排斥，或者是不能熟练掌握新媒体技术。这些都造成了教育者与时代脱节，教育内容不能有效地进行传递，不利于高校思想政治教育活动的开展。

首先，教育者应该更新理念，树立现代思想政治教育观。教育者要紧跟时代步伐，认清形势，抓住新媒体带来的机遇，培养新的教育意识。其次，教育者必须树立新媒体意识，积极主动参与到新媒体环境中。由于教育者的工作较为繁重，没有主动学习新媒体技术的想法，但是，我们可以让新媒体技术融入工作中，利用互联网技术处理工作。比如，借助网络来查询资料和进行学习，不断更新自身的知识储备；借助微信、QQ、论坛、微博等工具来沟通交流。甚至通过网络游戏来让自己得到放松和休息。这些不仅有利于提高工作效率，而且掌握了新媒体技术后，再将这种技术运用到思想政治教育工作中来，利用新媒体技术传递话语，增强教育者话语力量。最后，教育者要有敏锐的信息意识。在纷繁复杂的新媒体信息中，教育者既要接受各种信息资源，又要能够运用自身的知识储备和职业素养，筛选出正确、健康的信

息，占领话语的制高点，在微观领域宣传思想政治教育内容，提高其话语权的影响力。

教育者要提高应用先进技术的能力，借助新媒体，使思想政治教育内容在微观领域中以特有的方式表现出来，使大学生乐于接受，并且认同，从而提高教育者话语权威。因此培养高素质的教师队伍是必须的。为此，本章提出如下策略。一是开展培训活动，全面提升教育者的媒体素质。现实情况中，许多教育者面对新媒体无从下手，因此政府应大力支持新媒体平台应用技术班的设立，提高教育者的新媒体技术水平，为思想政治教育现代化发展提供人才的支持。高校思想政治教育者按具体规定参加，帮助教育者掌握新媒介的基本知识和操作能力、在教育教学中分析和运用新媒体技术的能力等等，最终达到利用新媒体开展工作。二是，高校要建设新媒体技术环境，为教育者应用新媒体提供保障。例如高校应提供功能齐全、技术先进、满足课堂思想政治教学需求的设备；开设思想政治教育的网络课堂等等。同时，高校通过科研立项、教学评价等手段，支持与鼓励思想政治教育者利用新媒体技术进行教学和教学模式的探索，创设应用新媒体技术进行思想政治教学改革的氛围，形成教育者积极主动应用新平台的良好环境。

例如，青岛地区民办高校青岛黄海学院与华为签约，在人才培养标准定制、课程体系建设等方面开展深度合作。2019 年 12 月 12 日，青岛黄海学院与华为技术有限公司在深圳签署合作协议，双方将在相关专业的人才培养标准定制、课程体系和师资队伍建设、网络课堂、ICT 人才培养基地建设等方面开展全面深度合作。据悉，双方将秉承"长期合作、相互促进、平等协商、互利共赢"的原则，深化产教融合，在大数据、人工智能、物联网、云计算、智能制造等专业的人才培养标准定制，课程体系、师资队伍、实践教学条件建设以及 ICT 人才培养基地和智慧校园建设等方面进行深度合作。为青岛黄海学院提供功能齐全、技术先进、满足课堂思想政治教学需求的设备。本次签约后，双方将继续建设数据科学与大数据技术、人工智能等本科专业，合力研发课程、建设网络课堂、培育金课，完善建设大数据与人工智能实验室，进行教科研合作，开展 5G 培训，强化师资培养，加强社会服务。2018 年以来，华为技术有限公司对青岛黄海学院教师进行大数据、5G、人工智能等相关领域的技术及应用培训 4 次，对大数据学院师资赋能达到百分之百全覆盖。三是建立高校思想政治教育者应用新媒体评估体系。一方面可以引导督促教育者积极参加新媒体教育学习，提高其能力。另一方面，也可为相关培训、教育者学习提供质量规范标准。总之，高校思想政治教育者具备一定的新媒体能力，就可以掌握大学生的思想动态，与他们沟通交流，帮助他们解决问题，潜移默化中受到思想政治教育的熏陶，树立正确的思想意识。因此，高校思想政治教育者应树立新媒体思维，在微观领域进行思想政治教育话语内容的传播，提高话语内容的覆盖面，赢得话语权威，使其话语权得到提升。

新媒体时代的到来，对高校思想政治教育提出了新的要求。传统思想政治教育在新媒体时代面临着实效性的"乏力"、主旋律的"失落"、吸引力的"式微"等三重挑战。在分析这些新要求、新挑战的基础上，探讨新媒体时代下高校思想政治教育的创新路径：在理念视野上，多维融合，树立协同育人理念；在内容体系上，因时而进，实现思想政治教育话语的时代转换；在措施途径上，实施精准性"供给侧改革"，建构高校思想政治工作新模式。

为贯彻落实高校思想政治工作会议精神，加强高校对网络思想政治教育新媒体建设的管理力度，提升新媒体宣传、写作等方面的技巧，自 2018 年以来青岛民办高校青岛滨海学院定期组织召开新媒体建设系列培训会，培训会由青岛滨海学院党委宣传办主办。学院班主任、辅导员、思政课教师及主要学生干部参加。培训会正确定位青岛滨海校园新媒体功能，了解受众（青岛民办高校学生的需求）不仅要实现资讯的推送，还要进行一些功能上的解决与服务的提供，并对新媒体建设的重要性进行具体阐述和深刻分析。面对网络时代新媒体的冲击，青岛滨海学院新媒体自觉承担起举旗帜、聚民心、育新人、兴文化、展形象的使命任务。青岛滨海学院新媒体平台肩负的立德树人、以文化人及培养能够担当民族复兴大任的时代新人的使命。将正能量网络引导和青岛民办高校大学生喜欢的方式结合起来是新时代下青岛滨海学院思政工作与新媒体融合的重要方式。为此，要做好青岛滨海学院思政工作就要充分运用互联网等新媒体新技术，通过话语形式、表现方式的创新和传播渠道的拓展，将思政教育放进学生们的"口袋"，放到学生们的"指尖"。青岛滨海学院思想政治教育工作要履行好这一使命任务，必须准确地对青岛民办高校学生的媒介使用习惯、信息获取偏好做出准确研判，确保真正有价值的信息能够为大学生们听得到、听得懂、听得进，只有转换学生视角，转换思政教育所要传播内容的语言体系，才能让思政教育所传播的内容更具价值，才更容易被大学生所接受。青岛滨海学院新媒体传播阵地不同于一般的自媒体账号，它不能趋利媚俗，但也不能远离学生。新形势下的青岛滨海学院校园新媒体工作应该做到既有意思又有意义，将知识性、趣味性与思想性融合起来，将线上运维与线下活动结合起来。同时在新媒体平台、新媒体内容制作和选题策划、新闻摄影常见的错误和文案写作思路这四方面进行了专题培训。新媒体培训会，不仅加深了青岛滨海学院师生对新媒体工作的认识，加强了新媒体队伍建设，创新了思想政治工作模式，对营造良好的校园舆论环境具有重要意义。

2. 掌握话语传播权，把握好控制力

思想政治教育话语的传播权是指"运用各种媒介手段、方式方法进行思想政治教育话语信息的传递、推动思想政治教育话语信息交流系统运行的权能。"掌握高校思想政治教育话语的传播权，不仅仅是话语的传递，更重要的事掌控话语传播的控制与主导，向大学生传输积极、健康的话语信息。

新媒体时代下，网络、手机等媒介使普通大众可以轻而易举地接收、生产、发布信息，而传播的非中立性，导致信息鱼龙混杂，有健康积极的，也有腐朽的、虚假信息，于是，高校思想政治教育者充分利用话语的传播权显得尤为重要。一方面，教育者应发挥"把关人"的功能。增强教育者对信息的把关能力，通过"把关"，决定了什么信息可被传播、传播多少以及怎样传播。当今网络思想政治教育中，教育者要用好话语传播权，充分利用新媒体技术，通过自身特有的话语功底与内涵，坚持正确的价值导向，扩大社会主流意识形态的影响力，努力消除反动的、虚假的、腐朽的信息，保证话语信息的科学性、正确性，在舆论上、思想上引导大学生，实现人生观和价值观的塑造。甚至，教育者可以作为意见领袖活跃于网络，积极引导主流媒体宣传、传播马克思主义，弘扬正能量，唱好主旋律。

另一方面，教育者要占领思想政治教育话语传播的重要阵地。新媒体时代下，网络成了不同话语交流、交融和交锋的重要阵地，在这种形势下，教育者要唱响主旋律、弘扬社会主义核心价值观，就必须占领思想政治教育话语传播的重要阵地，抢占制高点，掌握话语控制权，使思想政治教育话语内容得以有效传递，增强其话语权的影响力。对此，高校思想政治教育者着力加强网页、微博、微信、论坛等大学生获取信息较多的重点阵地的建设和管理工作，弘扬主旋律，为大学生提供健康乐观、积极向上、益于社会的精神文化产品，确保发出正确的思想导向。只有占领话语的重要阵地，牢牢掌握话语传播权，拿掉西方反动的话语阵地，宣传正能量，发出好声音，增强思想政治教育话语权的影响力。因此，教育者必须掌握话语传播权，把握好控制力，抢占思想引领的制高点和着力点，从而实现话语权的提升。

3. 充分利用新媒体话语，提高吸引力

新媒体时代的到来，使新媒体话语也进入了大众视野，并引起了广泛关注。新媒体话语体现了一种时代性和互动性的特点。例如"2017年的网络金句"中的"打call""扎心了""撸起袖子加油干"等等，受到人们的追捧。尤其是在校大学生，他们追求个性，敢于挑战传统观念、习俗，善于接受新鲜事物，所以，新媒体话语以其内容的鲜活新颖、生动形象深受大学生的喜爱与追捧。但是，目前有些高校的思想政治教育者往往跟不上时代，加上思想政治教育工作性质的原因，使从事该的教育者，养成了固定的语言和思维模式，因此教育者话语比较陈旧，比较滞后，过于生硬、呆板和无趣，和大学生追求的新鲜话语已经脱节，不能引起他们的关注。与此同时，由于新媒体的信息更换速度快，新情况、新问题层出不穷，出现思想政治教育内容"赶不上"社会实践发展，不能引起受教育者的关注，造成了教育者和受教育者之间产生鸿沟，不利于二者的沟通。甚至会出现受教育者对其话语内容产生抵触、排斥的心理，不利于话语权威的树立。

高校思想政治教育者应借助新媒体，提高话语的吸引力，提升话语权，教育者要适应新媒体环境，充分利用新媒体话语资源，具体来说，高校思想政治教育者必须把握以下两点：一是加强对新媒体思想政治教育话语的创新研究。教育者要掌握新媒体话语的特点，将高校思想政治教育话语融入新媒体话语中来，扩充话语内涵，构建新话语。这就强调了教育者消除对新媒体的偏见，借助新媒体，将传统思想政治教育话语融入微观领域，进行话语转变，汲取新营养、新内容，将积极健康的有益的新媒体话语融入思想政治教育话语中来，提高话语的魅力，使其生动化、形象化、简洁化，吸引大学生的注意，并乐于接受话语，从而及时有效地传递教育内容。二是教育者需紧跟时代感发展的步伐，密切关注网络文化的发展变化。由于大学生长期的网络生活，受到了网络文化潜移默化的影响，形成了一定的思想观念。因此，教育者要紧跟时代发展的步伐，进入到大学生群体中，分析他们的心理特点和话语诉求，将他们乐于接受的话语融入思想政治教育中，使他们对思想政治教育产生认同。这不仅增强高校思想政治教育话语权的影响力，而且达到了话语权提升的效果。

4. 话语渗透人文关怀，发挥好引导力

"思想政治教育本质上是一种对人的精神教育，其有效性的最大落实在于满足人的需要。"新媒体时代，高校思想政治教育者要关注大学生话语诉求，利用大学生中比较流行的网络通信工具，例如微信、QQ、微博登及时与大学生进行沟通交流，倾听他们的呼声和诉求，拉近彼此之间的关系，让话语渗透人文关怀，发挥好引导力。当代高校大学生的各个方面都受到了新媒体的影响，他们通过网络获取知识、交友沟通，甚至在网上消费交易。大学生群体生理和心理都已产生了巨大的变化，自主性大幅度提高，而传统思想政治教育多以统一的教学标准，统一的教学模式，没有认识到学生的差异性，导致思想政治教育话语在传递教育信息时实效性不强，很难取得令人满意的效果。十九大报告中强调："要全面贯彻党的教育方针，落实立德树人根本任务，发展素质教育，推进教育公平，培养德智体美全面发展的社会主义建设者和接班人。"而话语渗透人文关怀，就是要教育者平等地对待大学生，尊重差异，提高话语的引导力。具体有以下三种对策：

第一，建立平等的人际交往关系。正如哈贝马斯说的"成功的话语交往要具有可领会性、真诚性、正确性等特征，并促成双方相互理解、相互满足。"这说明，在新媒体时代下，高校思想政治教育者要改变传统的居高临下的"独白"和"说教类"的话语方式，建立平等关系，积极开展双方的对话，在自由、宽松的话语场域，坚持运用贴近实际、贴近生活、贴近群众的语言传递知识，满足大学的实际需求，体现人文关怀，增强二者之间的信任，潜移默化中实现对大学生思想的正确引导。第二，因材施教。当代高校大学生自主性强，差异性也比较明显。针对这种情况，高校思想政治教育者要改变以往按照固定模式进行教育的方式，分析大学生的自身素质，采用的话语要结合学生自身的特点，因材施教、因势利导，从学生的立场出发，掌握他们的诉求，让思想政治教育话语适合当代大学生成长与发展的诉求，由此来推动他们的自我发展，体现了对当代高校大学生的人文关怀，提高了认同感。第三，在思想政治教育过程中，教育者要打破强硬的理论灌输模式，不断提升语言魅力，融入大学生生活，运用新鲜活泼的话语，推进教学语言的转变，引起大学生的共鸣，彰显思想政治教育话语的人文关怀。

（二）受教育者层面

受教育者作为思想政治教育话语权的构成要素，对话语权的提升起着重要的作用。新媒体时代，受教育者话语权得到了释放，不过也出现了话语权失范、滥用等问题，本文从当代大学生角度出发，探究高校思想政治教育话语权的提升对策。具体对策包括以下几方面：

1. 尊重受教育者的话语权

受教育者拥有充分表达自己的观点和意见的权利，尤其是在当前环境下，新媒体的快速发展，高校思想政治教育者应尊重受教育者的话语权，了解他们的内在需求。新媒体时代的到来，给大学生的生活、学习带来了影响。为大学生话语权的实现提供新平台，享受话语权的释放。当代高校大学生具有较高的话语权意识，因此，新媒体时代下，他们能够在公共场合或网络空间能够独立、自由地行使自己的话语权。面对大学生话语权崛起的事实，高校对此要持支持的态度，在大学生正确行使话语权的基础上给予帮助。

尊重大学生的话语权，使大学生体会到话语权的意义，充分表达自己的观点和看法，和教育者进行平等的对话。教育者同受教育者之间的民主化关系，二者平等沟通与交流，保证了高校思想政治教育工作有效开展，增强其话语权的影响力。身为思想政治教育者，首要的就是加强平等对话的意识。由于角色赋予，教育者话语权有较强的影响力，然而某些教育者过对强调自身的地位和话语权，而对受教育者话语权则是忽视的态度，造成了话语权不平衡状态。基于此，教育者要平等对待受教育者，积极融入他们的生活中，倾听他们的话语诉求，主动为他们的合法权益据理力争，为他们积极的言论点赞。只有这样，才能增加二者之间的信任，建立新型的、平等的主体交往关系，提高思想政治教育话语权的影响力。

其次，教育者在尊重受教育者话语权的基础上发挥好引导作用。尊重受教育者话语权，提倡对他们的理解、包容和互动，但却不是一味地对其纵容，使得权利泛化，意见肆流，而是通过启发诱导，使受教育者内化正确思想，更正错误观念，正确行使自己的话语权。新媒体下，大学生面对形形色色的社会思潮话语，辨别是非能力有限，因此在运用网络等新媒体进行表达时，容易出现反动的、消极的、不健康的话语。面对这种情况，高校思想政治教育者要运用大学生乐于接受的话语，对他们进行潜移默化的教育，做好引导工作，帮助他们分辨话语的合理性和危害性，对健康积极的话语给予肯定，而对对低俗的网络话语要给予批判，引导他们从话语自发走向话语自觉，运用正确的话语方式，合理发泄不良情绪，防止话语权的滥用，建构和发展新媒体环境下的话语权，形成稳定的社会参与意识。

2. 培育受教育者的媒介素养

"所谓媒介素养是指公共接触、解读、使用媒介的素质和修养，包括三个环节：接触媒介、获取信息；解读媒介、批判地接受媒介信息；利用媒介工作和生活，通过媒介发出声音并维护自己的利益。"新媒体的发展要求人们具备新的媒介素养，即除了传统媒介素养的基本内容外，还需具备在新媒体环境中获取、评估、选择、运用信息的能力以及与新媒介使用相关的知识和技能。新媒体时代下，媒介素养是受教育者的必备素质之一，树立新的媒介素养，有利于高校思想政治教育内容的有效传播，促使其话语权的提升。

当代大学生与新媒体有着近乎天然的情感联系，接触网络的时间长、频度高，而且当前查阅资料、沟通交流、购物支付等活动都可以通过网络来完成，他们的学习和生活已经离不开新媒体。新媒体时代的到来，对大学生的影响力不只是表现在生活和学习方面，更是渗入到他们的思想观念、价值取向、道德品行等层面。然而，他们身处人生成长阶段，心理尚未成熟，个体的人生观、价值观还未完全定型，他们通过新媒体平台，获取信息的渠道庞杂，对其评判力还十分有限，对于负面信息的鉴别能力不足。所以通过对大学生媒介素养的培养，提高他们辨别是非能力，利用新媒体发表健康、积极的言论。具体措施包括以下几个方面：

一是强化受教育者的话语责任意识。高校思想政治教育者应让大学生明白"无规矩不成方圆"，使他们认识到在新媒体时代下，既享有话语的权利，更要重视话语的责任，坚决抵制任何不良话语的传播。教育者通过设置话语议题、叙事话语的方式组织大学生参与其中，反思自己的行为，明白对言论肩负的责任，引导他们正确行使话语权，同时与各种反动的、消极的话语作斗争。二要提高受教育者对于多元话语的认知能力。高校思想政治教育者要注重培养受教育者对多元话语的批判意识和能力，帮助大学生了解事件所表达出来的深层次真相，避免他们对网上言论的盲目自信，落入错误的思想陷阱之中。这就要求教育者要将社会主义主流价值观教育融入受教育的价值体系中，被他们所接受，帮助他们树立合理清晰的价值体系并坚守这一体系，克服网络媒介负面效应。三要提高受教育者运用新媒体技术的能力。虽然受教育者在运用新媒体技术水平上高于教育者，但是这并不代表他们能够正确地运用新媒体。由于社会经验不足，他们对事物的看法往往停留于表面，这就需要教育者积极的引导，让受教育者认识到新媒体不仅仅是发表言论、交友娱乐的平台，更是学习和获取知识的平台。从而帮助受教育者合理运用新媒体，正确行使话语权。

（三）新媒体平台层面

大学生正处于学习的黄金阶段，尤其是新媒体时代，为他们打开了全新的视野。大学生已然成为新媒体时代的主力军，运用新媒体平台的时间长、频度高，高校思想政治教育工作者要充分利用新媒体平台，占领话语权实现的新阵地，以网络、微博、微信等为新载体，针对性地传播思想政治教育话语，贯穿到学校工作的各个环节当中，使大学生思想和行为受到潜移默化的影响，这对于高校思想政治教育话语权的提升具有重要意义。

1.加强高校思想政治教育网络平台建设

随着科技的发展，人们的生活方式方发生了显著变化，尤其是在新媒体时代下，网络无处不在。对于大学生而言，网络成为他们生活中不可缺少的一部分。比如，他们利用网络搜集信息、浏览网页等等。占领网络阵地，加强高校思想政治教育网络平台建设，可以充分发挥网络的优势，相比课堂、书本中单一的传播方式，运用网络中的视频、图片等方式将思想政治教育话语内容进行转换，使其得到有效传播，提高其话语权的影响力。一是正确认识高校网络平台的思想政治教育功能。新媒体时代下，为了增强思想政治教育话语权的影响力，让大学生认同该话语，内化为自己的思想，要先了解网络平台上的思想政治教育功能，就必须对该功能做出理性的分析和判断，才能充分发挥网络平台的作用。大学生对网络有很强的依赖性，但是他们的关注点往往集中于生活类、经济类、娱乐类等方面。面对这种情况，教育者需要把思想政治教育话语融入网络中，加强其网络平台建设，借助网络话语优势传播思想政治教育内容，增强其话语权威。二是在一些特定的思想政治教育网站，发布新闻和通知之外，留有空白，为高校思想政治教育提供空间。利用该空间，达到思想政治教育内容传播效果的最大化，让大学生主动点击，积极参与。空间内容涉及最新的政策文件、会议精神以及有关思想政治教育的社会热点讨论。比如，利用学校的官方网站、微博、微信等发布时事新闻，提高学生探讨、互动的积极性，使其在参与互动中，提高大学生的思想道德素质。青岛滨海学院通过开通学习贯彻十九大精神的官方微博，使大学生畅所欲言，贴近了现实生活，提高了他们学习的热情。

同时，高校思想政治教育工作者要充分发挥引导力，与大学生展开对话，运用他们乐于接受的话语方式，进行思想政治教育，使话语内容得到有效传播，提高其话语权的影响力。例如，青岛民办高校青岛滨海学院 2018 学年坚持"围绕中心、服务大局、营造氛围、提供保障"的理念，积极构建融媒体育人工作新格局。青岛滨海学院外网发布新闻 200 余篇，被新华网、人民网、青岛日报等媒体采用 160 余篇次；编辑发行手机报 21 期；上半年向教育厅官网投稿 47 篇，录用 30 篇，教育厅网站用稿量位居山东省同类高校第二名；官方微信公众号推送图文 180 余篇，微信影响力稳定保持在山东省同类高校前 2 名；制作播出《今日滨海》栏目 17 期，策划《博士系列访谈》3 期，青岛滨海学院特色新闻被山东教育电视台报道 3 次，报道数量位居省内同类高校第 1 名，青岛电视台报道 2 次，黄岛电视台报道 4 次；认真贯彻落实《青岛滨海学院新媒体管理办法（试行）》，进一步规范青岛滨海学院各单位、各二级学院新媒体建设管理，推进青岛滨海学院网络文化健康有序发展；持续运营搜狐、今日头条等媒体平台，讲好滨海故事、传播滨海声音；积极做好舆情监控工作，对潜在的负面舆情信息早发现早处理，防患危机于未然。这样才能使话语内容得到有效和正确地传播，进而促进大学生乐于接受思想政治教育。

2. 有效设置思想政治教育的议题

新媒体时代，要积极利用网络的优势，寻求思想政治教育同新媒体平台的契合点，让思想政治教育活动进入到微观领域，积极探索新媒体平台的教化功能。尤其是在面对海量化的信息，更需要借助新媒体平台，设置思想政治教育的议题，并通过引导该议题的发展对大学生的思想与行为产生导向作用。"看似风平浪静的议程设置后面其实涌动着政治、经济和意识形态等多种力量的博弈，暗念着传播媒介和来自精英统治阶层信息源之间错综复杂的关系。"因此，教育者要借助新媒体平台，设置一定的思想政治教育议题。围绕社会热点、矛盾焦点、重大问题而提出的议题会吸引大学生关注及参与到议题中来，围绕议题进行主题思想政治教育活动，教育者加强议题的引导和价值引导，使大学生在接受议题相关的各种话语、评论、观点的过程中，通过比较分析逐渐形成正确的观念和行为。总之，利用新媒体平台，尤其是具有信息共享性和选择性的网络平台，关注现实问题，将思想政治教育内容融入其中，设置针对性的议题，迎合当代大学生需要，增强高校思想政治教育话语权的影响力。

3. 丰富思想政治教育内容的传播形式

新媒体时代的到来拓宽了信息传播的领域，也增加了信息传播的方式。高校思想政治教育内容的传播不仅仅局限于课堂、书本、课外实践活动等方式，而是充分借助新媒体平台。教育者要顺应时代，抓住机遇，关注实用性，改变生硬的说教口吻和叙述方式。在合适的时间、空间，融合多种媒介手段进行思想政治的宣传教育。同时，教育者要了解大学生的话语诉求，掌握他们的思想动态，转变沟通方式，运用他们感兴趣的话语进行沟通。教育者可以借助新媒体平台，使用音频、视频、文字、图片等宣传手段，利用一句话、一张图、一段视频增强与大学生的沟通与交流，增强思想政治教育内容传播的效果。

（四）话语权外部机制层面

新媒体时代下，必须加强外部机制建设，才能保障思想政治教育话语权的有效行使。构建科学、合理的外部机制，对高校思想政治教育话语权的提升具有重要的现实意义。

1. 法律法规政策的规范与引导

随着新媒体的飞速发展，它已经融入了人们的日常生活中，受到各个领域的重视。同时，法律体系的不断完善，使我国关于新媒体管理的法律法规越来越科学和完善。司法部印发《关于推进公共法律服务平台建设的意见》中提出："在网络平台建设中，规定网络平台由部、省两级平台组成，提出要形成以部级公共法律服务网为中枢、以各省（区、市）公共法律服务网为支撑的公共法律服务网站集群，通过多种终端提供法律服务。"由此可以看出，法律为网络平台的建设提供了有力保障。法律法规政策的规范与引导，确保了思想政治教育的合法性，不但有利于高校思想政治教育工作的有效开展，而且其话语权也得到了提升。首先，通过法律、法规、文件，形成提高话语权影响力的基本规范，比如，构建内容管制、安全管制，建立互联网站备案管理制度以及完善互联网域名管理办法等等，从而确保新媒体平台的稳定。其次，要维护网络系统的安全问题。通过法律法规，明确规定不得制作计算机病毒，禁止对计算机系统进行非授权的访问，维护国家文化、主流思想的地位等等。最后，管理新媒体信息的内容。通过法律法规，禁止出现危害国家安全、破坏民族团结、扰乱社会秩序的内容。

　　面对新媒体时代信息爆炸的现实，仅依靠法律规范很难解决网络有害信息的发布，还需要相关行业如新闻媒体、网络运营商、服务提供商等行业的自律。因此，通过法律法规等政策的规范与引导，保障新媒体秩序的正常运行，保障互联网的健康运行，在微观领域中，更加彻底地开发思想政治教育的资源，提升话语权的影响力。

　　对此，青岛地区民办高校青岛滨海学院制定了《青岛滨海学院网络安全规定》。内容如下：为倡导诚实守信，健康文明的网络行为，推动传播社会主义核心价值观，采取措施提高全校师生的网络安全意识和水平，形成全校教职员工共同参与促进网络安全的良好环境，根据《中华人民共和国网络安全法》制定青岛滨海学院网络安全规定。

　　（1）任何个人和组织使用网络应当遵守宪法法律，遵守公共秩序。尊重社会公德，不得危害网络安全，不得利用网络从事危害国家安全、荣誉和利益；不得传播暴力、淫秽色情信息；不得编造、传播虚假信息，扰乱社会秩序；不得侵害他人名誉、隐私、知识产权和其他合法权益等活动。全校师生员工在互联网中要做精神文明的传播者、引导者，具有高尚思想道德、优秀精神文明和诚实守信人格，体现科学的世界观、人生观和价值观。

　　（2）任何个人和组织不得从事非法侵入他人网络、干扰他人网络正常功能、窃取网络数据等危害网络安全的活动；不得提供专门用于从事侵入网络、干扰网络正常功能及防护措施、窃取网络数据等危害网络安全活动的程序、工具；明知他人从事危害网络安全的活动的，不得为其提供技术支持、广告推广、支付结算等帮助。

　　（3）网络运营者不得泄露、篡改、毁损其收集的个人信息；未经被收集者同意，不得向他人提供个人信息。但是，经过处理无法识别特定个人且不能复原的除外。

　　网络运营者应当采取技术措施和其他必要措施，确保其收集的个人信息安全，防止信息泄露、毁损、丢失。在发生或者可能发生个人信息泄露、毁损、丢失的情况时，应当立即采取补救措施，按照规定及时告知用户并向有关主管部门报告。

（4）任何个人和组织不得窃取或者以其他非法方式获取个人信息，不得非法出售或者非法向他人提供个人信息。

（5）任何个人和组织应当对其使用网络的行为负责，不得设立用于实施诈骗，传授犯罪方法，制作或者销售违禁物品、管制物品等违法犯罪活动的网站、通信群组，不得利用网络发布涉及实施诈骗，制作或者销售违禁物品、管制物品以及其他违法犯罪活动的信息。

（6）任何个人和组织发送的电子信息、提供的应用软件，不得设置恶意程序，不得含有法律、行政法规禁止发布或者传输的信息。

（7）牢记大学生身份，只撷取有益的信息和资料（传递正能量）；不浏览反动、黄色网站，不在网上发表或转帖有损党和国家形象、有损学院和他人声誉的言论，发帖者要对自己的言行高度负责。

（8）不沉溺网络游戏，不违规外出上网，控制上网娱乐的时间。

（9）学生使用电脑，必须严格遵守学院有关作息制度，不得影响他人的正常生活与休息；严禁正常学习时间在寝室、教室及图书馆玩游戏、看影碟。

（10）在公用机房上机时，不得乱涂乱画，未经管理人员同意不得改动界面，不得私自改动机器的设置。对接入校园网的个人计算机和软磁盘、U盘等，要进行病毒检查清理，保证网络安全。

（11）主动接受公安机关和学校有关职能部门依法依章进行的信息管理和监督。

（12）认真遵守校园网络管理的有关规定，联入校园网的用户必须严格使用由学院设备管理中心分配的IP地址等参数。对在校园网上开办BBS等信息服务的管理人员，严格执行"先审后贴"。

（13）凡青岛滨海学院师生员工均应自觉遵守本规定，对违犯本规定者视情节轻重给予校纪处分，触犯《中华人民共和国网络安全法》者移交司法部门追究其刑事责任。

2. 完善舆论情况的监测机制

舆论情况的监测是对网络公众的言论和观点进行监视和预测。新媒体时代下，多是利用互联网舆情监测工具来实行舆论情况的监测。高校思想政治教育所要面对的舆论情况监测主要是思想政治教育工作者汇集网络舆论信息，以有较强影响力和倾向力的网络舆论为基础，展开对网络舆论内容的分析。教育工作者要注意突发事件对受教育者的影响，观察他们呈现出的变化，形成报告、图表等分析结果，掌握受教育者的思想动态，变被动为主动，正确引导舆论走向。新媒体时代，要完善舆论情况监测机制，使高校思想政治教育话语权成为正确的方向标和引路人。一是要加强舆论情况引导机制的重要组织保障。新媒体时代，面对信息海量化、共享性和交互性的特点，高校应该建立舆论情况监督机构。新媒体时代下的舆论情况监督，就是借助互联网舆情监测工具，发现问题，及时解决。面对舆论情况，高校要制定适合本校的规章制度，并对上岗人员进行技术培训，提高他们的舆情监测工作能力。二是严格筛选利用新媒体发布的信息，对不良信息进行分析，必要的话要上报学校，从而保障新媒体信息的质量和价值，营造健康的新媒体环境，增强高校思想政治教育话语权的影响力。

第四章 新媒体时代高校思想政治教育的发展

第一节 新媒体时代高校思想政治教育的挑战与机遇

20世纪下半叶兴起的新科技革命浪潮，正在将人类社会推向一个全新的信息时代——新媒体时代。面对新媒体时代所出现的新情况、新问题，研究高校思想政治教育的新特点，提出高校思想政治教育的新要求，这是新媒体时代对高校思想政治教育工作者提出的新课题。

一、新媒体时代的新特征

迄今为止，媒体的发展大致经历了精英媒体、大众媒体、个人媒体三个阶段。这三个阶段也分别代表着传播发展的农业时代、工业时代和信息时代。作为一种伴随着媒体的发生与发展而在不断发展、不断变化的新媒体时代，它拥有诸多新特征，概括起来主要是：

（一）主体的平等性和自由性

传统媒体（报刊、广播、电视等）所发布的信息一般由专业人员提供，其内容除了受到专业人士所代表的群体的价值影响之外，还需要经职能部门审核，在传播者和受众之间呈现出一定的不对等性。新媒体的广泛应用，除却部分传播信息是由专业人士提供外，更多信息（如短信、微博、论坛等）都是由大众提供的，任何人都可以通过网络、微博、QQ、飞信和微信等新媒体工具，自由地发表个人意见，表达自己的主张。不同个体发布信息、发表观点、表达意见都是平等而且是具有个性的。每个人既是信息的发布者，又是信息的接收者。以此类推，这也意味着每个人既是施教者同时又是受教育者。同时，这种自由性还表现在：由于信息的接受者不同，信息的价值也会有较大的不同。对于不同受众的主体来说，有的信息没有任何意义，有的信息反而带来负面的影响。因此，同样的信息含量，仅仅因为其传播的途径，信息操纵者和接收者的个人价值观不同，就能使信息价值具有多重性，而这也是新媒体时代的一个显著特征。

（二）内容的丰富性与便捷性

新媒体时代，通过新媒体技术，新媒体承载和传播的信息流特别庞大。从表现形式上看，有相对静态的文字信息和动态的画面信息，还有立体的声音信息等内容。从信息来源上看，有政府的官方正式通知、公告，集体或个人的合法官网等类型的合法信息；也有虚假广告、色情网站、诈骗信息和非法传销等信息；同时也有中性信息，如风土人情介绍、无伤大雅的八卦消息、休闲娱乐的游戏等信息。就信息内容本身来说，有影视作品、学术研究专著、文学作品和个人言论等。由上可见，新媒体时代信息内容是极其丰富的，这也是新媒体时代的一个显著特征。不仅如此，新媒体还极大地显示了信息检索的便捷性。社会在进步，科技在发展，网络硬件软件技术都得到极大的提升，服务器的速度也极大提高，使得信息的流动和储存能力惊人的加大。同时，信息检索工具的开发与利用，使得信息传输，检索和查阅变得轻松便捷。根据自己的需求，人们通过网络可以检索到大量的信息，包括文本和非文本的信息，还可以利用相关的软件对检索的信息快速地进行再利用，极大地方便了人类的学习和生活。这是新媒体时代与社会生活之间的关系特性。

（三）形式的多样性与交互性

新媒体时代，信息的形式有了更丰富的发展。社会的发展依托于科技的支撑，科技的快速发展，使得各种电子设备快速地更新换代，使新媒体的载体的功能得到不断开发与拓展。目前，手机打破了以往时空的限制，较之电脑更便于携带，沟通更便捷。通过短信，人们可以发送文字信息，语音留言，尤其是微信的流行更方便了手机的沟通。现在，人们也可以通过网络进行各方面的交流，用文字、语音甚至视频进行聊天，通过电话会议、网络视频会议实现遥控的业务的处理；同时，在言论自由的当下，人们也可以通过各种平台获取信息，发表见解阐述观点，表达意愿，从而便捷地实现公民的舆论监督权利。总之，在新媒体时代，以写信（纸质信件）、发电报等传递信息的方式已基本被取代，新媒体可以对各种信息进行多种方式的传送，而且其传播形式也越来越复杂多样，也越来越适合当代人们的主流追求，越来越适应当今时代发展的需要。

交互性是新媒体区别于以往媒体最突出的特点，它包含两层含义：一是信息发送者和接受者之间的信息交流是双向的；二是参与双方在信息交流过程中都有话语权和控制权。传统媒体（报刊、广播、电影、电视等）的信息交流具有单向性，信息反馈比较慢，交互性就比较差。数字技术使得信息采集和制作变得简单易行，个体只要利用文本输入系统（电脑、手机等）、数码相机等，就可以轻易地编辑或发送文字和图片。通过以数字化为重要特征的新媒体，每个人可以同时进行并完成信息的传播和信息的接收。在新媒体时代，信息传播的双方信息交流采用的是双向互动的方式，这便于及时理解与沟通。

（四）语境的虚拟性和开放性

虚拟性是新媒体的重要特征，它的表现形态主要有三种：首先是信息本身的虚拟性。新媒体技术，将越来越多逼真的现实环境创造出来，形成了一种全新的时空概念。每个使用新媒体的大众都是这个虚拟世界中的一员，他们运用新媒体进行彼此间的交流和沟通。新媒体信息技术将真实世界和虚拟世界之间的界限变得越来越模糊，人们的认知方式也随之被改变。其次，传播关系的虚拟性。新媒体以数字符号的形式将信息传播出去，在整个新媒体交往过程中，个人的性别、年龄、职业、身份等基本特征都被无形的掩盖了，剩下的仅仅是利用虚拟符号进行沟通和交往。再次，空间的虚拟性。虚拟空间（网上商店、虚拟社区、虚拟社团）中的每一个成员，通过新媒体可以在特殊的空间里进行学习、交友、娱乐、购物等。虚拟性不仅拓宽了人类的生存空间，而且借助互联网将整个世界联接成"地球村"，呈现信息传播和交流的"无障碍"，充分彰显其开放性。在新媒体这个开放世界里，人们之间几乎不存在国家和民族的界限，网络媒体把世界连成一个有机整体，大大加强了它的全球性。同时，也使受众具有了"全球化"的特征，今天世界上任何地方发生的任何事，只要上了网瞬间即可传遍全球，成为全球人共享的信息。

（五）服务的个性化与分享性

新媒体时代，基于 web2.0 的信息技术平台，使得每一个信息参与人都有一个终端（如 IP 地址、手机号码等），传播者可以轻松地对信息进行分类，并发送到每个地址中去。此外，受众也可以通过新媒体进行信息的定制和检索，如各类搜索引擎。这样，每一个新媒体用户都可以发布和接受完全个性化的信息，大众传播转变为"小众传播"。当前，媒体生态已经发生了变化，随着新媒体技术对信息中心化的打破、成本的降低和小众传播的展开，话语权已经不再掌握在传播者手中，受众逐渐参与到价值链的上游，在进行分享信息的同时，与传播者进行着平等的对话，于是，"阅众分享"和"去中心化"便成为新媒体两大关键点。

（六）信息来源的隐蔽性和相对封闭的社群化

与传统媒体相比，新媒体具有隐蔽性特点，信息的编辑者和传播者可以选择利用隐藏身份信息的方式进行信息传播，许多信息无从考证，甚至一些虚假信息会对大众产生不良影响。虽然我国在新媒体尤其是网络媒体的管理上加大力度，出台了一些管理办法及规范制度，但是由于经济利益等因素的驱使，许多不法分子伪造假身份证进行上网或购卡，从事非法活动，信息的来源仍然具有很强的隐蔽性。此外，由于网络上的人们大多是以各种社区、论坛等虚拟空间"群居"的，因此"群"内的信息仅限于"群"内的共享，表现出一种封闭性、高度聚合性和跨越时间性的特征。

二、新媒体时代高校思想政治教育的新特点

随着新媒体时代的来临，互联网、手机等新媒体的逐渐普及和应用，高校大学生作为"数字化生存"的最先体验者之一，获得了与世界同步发展和充分展示个人才能的空间，其思想观念、知识获取、价值取向、人际交往和行为方式等，也已深深地烙上了新媒体时代的痕迹。基于这个大环境，高校思想政治教育呈现出新的特点。

（一）思想政治教育环境的复杂化

新媒体具有打破时空限制、消解主体边界的特点，在拉近线上距离的同时，一定程度上不仅使得人际交往的能力下降，也容易诱发大学生产生心理信任危机和人格障碍等心理问题。与此同时，新媒体不仅为大学生提供了娱乐休闲、控诉发泄等的平台，也提供了引发各种病态人格和网络犯罪的土壤。随着新媒体时代的到来，高校思想政治教育强行灌输和社会舆论的制约力量已失去了原有的优势，高校思想政治教育引导与规范难度日益加大，环境变得越来越复杂了。

（二）思想政治教育主体性特征明显化

新媒体时代，高校思想政治教育主体性特征包括两方面：一是教育者的主体性。新媒体使得思想政治教育的方式变得灵活，教育者要想收到最好的教育效果，就必须通过充分发挥主动性和积极性，努力探索新媒体环境下思想政治教育的有效途径。二是海量信息给予了大学生根据自己需要选择信息的机会。在传统思想政治教育中，教育与被教育现实存在的关系，使得教育者往往被看作是思想权威进行思想理论灌输。在新媒体时代，现实社会中的性别、身份和特权等因素都在弱化，每个人都可以平等地发表意见和寻找交

流对象。这会颠覆现实社会奉行的权威意识和等级观念，极大提升人们尊重个体尊严、承认个体权利的文化意识。新媒体时代高校思想政治教育中传受双方的平等地位，将会大大降低受教育者的排斥情绪和戒备心理，使得双方的亲和力和人情味变得更易接受，以引导取代说服的形式也将会收到更显著的成效。

（三）思想政治教育信息来源的立体化

传统高校思想政治教育的重要信息源大量源自理论、方针和政策，政治性强，加之有限的信息量和内容的滞后性，缺乏时代感、吸引力。在新媒体时代，教育者或者受教育者只要拥有一台联网电脑或移动手机，即可方便快捷地获取和传播大量的即时信息，了解国外政治、文化、经济、思想、社会生活；同时还可以随时随地进行思想和信息的交流，此时国界、时空、种族、性别、年龄已经被跨越，信息来源和传播渠道变得立体化，实现了思想政治教育与其他传播媒介的优势互补。来自社会这所大学校里的名家辅导、经典案例、专题影像等，以学生容易接受的图像、文字、音视频等多种形式出现，全方位影响大学生的思想、价值观念和行为习惯。因此，新媒体背景下，大学生所获得的思想政治教育的信息形态将从静态走向动态，从平面性走向立体化，教育效果也明显得到增强。

（四）思想政治教育手段的多样化

高校思想政治教育的时空限制已经因新媒体而发生了迁移，教育者和受教者可以在任何一个设有终端的地方随时传播和获取所需知识。同时教育者可采取的教育手段也趋向多样，既可以组织学生收看优质视频公开课、网上讨论、网上作业，也可以开展网上谈心活动等等。新媒体的广泛运用，大大减轻了教师备课负担，有效提高了思想政治教育信息传播的速度和效率，尤其是多样的信息形态刺激多种感官，使得大学生更易于接受。特别是虚拟信息传播技术的运用，活泼的全息影音动画以及其他多媒体仿真画面，可以使教学变得生动有趣，效果显著提升。

（五）思想政治教育效果的经济化

在新媒体时代，非线性传播的高校思想政治教育专题网站，或者各大门户网站上的专题讨论，或者各类共享课和各种话题的风起云涌，有一个共同的特点就是能够实现资料的共享。与以往高校思想政治教育的效果相比，这样既避免了人力、物力的浪费，又合理配置教育、教学资源，有效实现思想政治教育效果最大化。

三、新媒体时代高校思想政治教育的新要求

在新媒体时代，依据新媒体时代高校思想政治教育的新特点，为促进高校思想政治教育与新媒体的有机契合，增强思想政治工作的针对性和实效性，需要对高校思想政治教育提出新要求。

（一）把握"三个导向"，坚持做好新媒体时代高校思想政治教育

一是开放与引导理念导向。首先，要坚持高校思想政治教育自身的开放性。随着新媒体技术的发展，应当充分运用新媒体技术不断整合各种有利的资源，开拓思想政治教育的有效途径。虚拟性、自由性、主体性、多样性、开放性是这个时代的元素，教育主体（教育者）和教育客体（受教育者）共生于一个开放的世界中；教育介体从固定走向移动、从可控走向不可控；教育环体也突破现实走向虚拟、由有限走向无限，使思想政治教育能够紧贴时代发展，及时回应时代问题。其次，要坚持高校大学生思想政治素养思维发展的开放性。处在成长期的高校大学生，他们的政治观和价值观也都处在不断的成型之中，其个人体验也在随着环境的变化与教育的深化而不断修正中。这就要求高校思想政治教育必须打破封闭的教育环境，不断拓展教育的开放性，积极引导学生树立科学的世界观、人生观、价值观和道德观。

开放与引导是相辅相成的，二者缺一不可。引导实际上是把关，即通过选择、筛选、剔除等过程，从海量网络信息中为大学生提供有益于身心发展和个人成长成才的信息。新媒体时代引导理念就是要确立"引导为主、管理为辅"的教育理念，以社会主义核心价值观为引领，抓住情感主线，把培养能力和发展个性有机结合，促进人的全面发展。同时，应充分发挥双方的主观能动性，突出学生个性发展，采取多种形式，提高思想政治教育工作的实效。

二是平等与互动理念导向。新媒体环境下，高校思想政治教育不仅是一个开放的系统，更是一个互动的系统。以往高校思想政治教育中的单向灌输严重忽视了大学生的独立性和创造性，无法激发大学生的兴趣和主观自觉。新媒体的平等性则满足和迎合了大学生对于平等和尊重的需求，向思想政治教育的权威性和主导性提出前所未有的挑战。平等互动理念，将有利于创造和谐共生的生态环境，有利于相互尊重和共同探讨，也有利于尊重教育对象的主体性，使得思想政治教育更具有亲和性。新媒体环境下的教育介体和教育环体为主客体提供了平等的交流机会，这就激活了主客体的主体性，充分开启了主客体的自主性、能动性和创造性。在高校思想政治教育中，要尊重学生的主体地位，通过创新情景和激励引导等途径，唤起学生的主体意识，激发学生主体的自觉性、能动性和创造性，以达到自我教育、自我锤炼、自

我修养的效果，从而取得思想政治教育的实效。三是服务理念导向。服务理念导向，主要体现在突出教育性和针对性方面：首先是教育性。新媒体时代，纷繁复杂良莠不齐的信息在扩大学生的视野的同时，也会引发心理问题，甚至出现一些漠视生命的现象。因此，要全面树立以学生为本的服务理念，建立健全教育者和受教者的互动体系，及时洞察学生的心理，加强教育，预防和控制心理问题的产生。在教育的过程中，注重解决思想问题与实际困难，把大学生思想政治教育落实到理解和关怀的基点上，贴近学生的生活实际，切实关心学生疾苦，这样才能使思想政治工作取得成效。其次是针对性。要从关注思想政治教育的可接受性和关注思想政治教育对象的个性特征着手，在加强大学生整体教育的同时，还必须针对学生的个性进行具体教育、个体教育，帮助他们由他律走向自律的转化，实现人的全面发展。为此，高校思想政治教育要以服务理念为导向，加强思想政治教育的针对性，通过多种新媒体形式增强教育的吸引力和感染力，使高校思想政治教育真正收到实效。

（二）坚持贴近社会、专业和生活，优化高校思想政治教育的内容结构

目前的高校思想政治教育内容的理论性与实践性结合得还很不够，在内容结构安排以及语言描述方面，也都较生硬、晦涩，与实际需要有所脱节。为此，今后在内容结构优化方面应做到"三贴近"：

一要贴近社会现实。以往高校思想政治教育存在的一个突出问题就是教育内容结构体系严重滞后于经济发展，滞后于国内、国外形势的发展和变化。新媒体时代，由于网络的"无屏障"，不仅拉近了人们与经济发展的距离，也缩小了人们与世界的距离。基于此，高校思想政治教育内容结构体系的改革，必须密切关注社会现实问题和网络上的热点问题，尽快推出与现实相适应的思想政治教育内容，以更好地激发大学生对社会现实的关注，用正确的世界观和方法论，理性地看待我国社会主义现代化进程中出现的各种问题，并且逐步学会能够运用自己的聪明才智去解决问题。

二要贴近专业要求。以往传统思想政治教育存在泛知识化现象，将思想政治教育和专业理论、专业技能等智力教育同起来，将思想政治教育人为地与其他类型的教育分裂开来，使得高校思想政治教育处于弱势地位。在新媒体时代，新媒体所传播的海量信息，其中也有许多信息是与大学生所学专业息息相关的，也就是说是有益于大学生专业学习的。因此，新媒体时代高校思想政治教育应当密切思想政治教育与专业教育之间的相互交融关系，促进高校思想政治教育的内容与专业理论、专业技能的紧密联系，使之有助于大

学生的专业选择、学习和素质的提升；同时，在社会生活中，道德是客观存在的，道德是人聪明、完善之本，也是社会和谐、发展之基，进行专业教育应以培养有道德的人为前提，只有认识到这一点，才能真正实现为社会培养出全面发展的有德性的职业人。

三要贴近学生实际。首先，是与学生的学习相结合。新媒体时代的高校学生，获取信息的渠道是全方位的，任何脱离实际的教育内容只会让受教育者产生冷漠、反感甚至是逆反心理，所以，高校思想政治教育内容除了马克思主义理论以及党的纲领、路线、方针、政策法规等以外，还应有如一切对身心人格健康有益的知识、道德文化和习俗习气、科学精神和人文精神、生活方式和行为规范、民主和法制意识、社会热点和焦点等等，让学生从被动接受变为主动选择和接受，通过增加创新教育的思想、人与自然协调共存的世界观、生态道德、全球意识、媒体素养等教育内容，用新的内容去教育和武装学生，使学生得到更多实际的、有效的引导和帮助。其次，是与学生生活相结合。大学生实际上是"半社会人"，正处于成人的关键时期，必然会经历一些成长的蜕变。高校思想政治教育内容既要有利于锻炼学生的现实生活能力，又要培养学生的未来可持续发展的能力。要从关注大学生日常生活中的实际问题入手，帮助他们排忧解难；要积极引导大学生学会生存，学会尊重和关心他人，学会共同生活；要培养在活动中的积极参与和合作精神；要倡导他们研究人类面临的普遍问题，增强全球意识和人文关怀；要关注人的现实和虚拟生存环境和生活质量，维护人类的尊严，完善道德品德和全面发展问题；同时还要有意识地培养大学生具有国际观念和意识，树立为全球服务的观念，具有开展国际合作交流与国际竞争的知识和能力。只有在学生生活的不同领域全方位、最大限度地贴近学生，高校思想政治教育内容才能最大范围地被学生接受、认同和转化，思想政治教育实效性才能实现。

（三）激发"微活力"，打造"微活动"

对于思想政治教育，相比较传统的课堂主渠道，各种各样的来自基层的校园文化活动显然是重要的思想政治教育教育载体，多彩的校园文化活动不仅丰富了校园生活，也锻炼了学生的心智和各方面的能力。但不可否认，目前学校尤其是高等院校中会出现这样的现象：每一项活动似乎只有少部分积极分子（主要是班级或校系学生会干部及社团人员）是主力和活跃参与者，大部分学生往往更愿意观望甚至漠不关心。新媒体时代及其相关的无穷选择正在改变文化需求，需要我们把多数学生是否得到综合素质的锻炼，在锻炼中是否形成高尚品德，作为决定活动成败的关键。为打造好各项"微活动"，当前需要在三个方面加以改进：一是在活动组织上，要充分发挥学生的主体作用。要树立一切以学生需求为出发点的工作理念，精心组织，充实和加强学生线的力量，能力探索开展适合各类学生发展的不同层次的"微活动"。二是在活动方法上，要有选择性地降低活动的难度，多组织一些容纳性大、低门槛的活动，扩大参与面，让尽可能多的学生参与到活动中来。三是在活动内容设计上，要适度包容，重视研究学生多元化的需求，对那些不被多数人接受或者参与面小的活动，要正确地加以引导和整合，以增强学生的归属感和主人翁精神，真正体现德育无微不至的关怀。总之，创造"微平台"是一个新尝试，需要强调的是：在教育定位上，既要适合不同学生的自身特点，也要与其发展取向相吻合；在教育设置方面，既要精心构建微型化的专题教育体系，满足学生的多样化选择，也要完成不同需求下的微德育体验，引导学生进行自觉的道德约束。

（四）提升媒介素养，打造复合型、专家型的思想政治教育队伍

媒介素养是指公众接触、解读、使用媒介的素质和修养，包括三个环节：接触媒介、获取信息；解读媒介、批判地接受媒介信息；利用媒介工作和生活，通过媒介发出声音并维护自己的利益。针对新媒体环境下信息泛滥、价值多样的现象，高校思想政治教育工作者的媒介素养不仅仅是"说服""传递"信息能力的提高，更重要的是信息"分析""鉴别""筛选""评价""引导"能力的提升、完善。这就给高校思想政治教育工作者提出了新要求：首先，要努力学习和提高马克思主义理论水平和思想政治工作艺术，坚定自己的理论自信和道路自信，熟悉和掌握新媒体时代高校思想政治教育基本规律。其次，要精通传播学，充分了解和学习计算机技术、网络技术和手机新媒体的有关应用知识，掌握新媒体特点，科学使用新媒体。再次，要熟练使用新媒体，使用 BBS（电子公告板）、Usenet（电子新闻组）、E－Mail（电子邮件）、CHAT（实时聊天系统），开辟相应的"论坛""微博""飞信""微信"等等，与大学生进行思想上的交流和互动，努力使自己成为复合型、专家型的高校思想政治教育工作者。只有这样，高校思想政治教育工作者才能与大学生开展互动交流，在交流中进行有效引导，从而提高大学生思想政治教育工作的实效性。

第二节 新媒体时代高校思想政治教育创新研究

新媒体时代的来临赋予了信息传播突出的时代特征，表现为信息内容丰富、信息形式多样、信息价值多重、信息来源隐蔽、信息检索便捷、信息真伪难辨等。迅猛发展的新媒体技术为人们获取信息提供了极大的便捷，同时，新媒体作为一种有效的潜移默化的思想政治教育方式，对高校大学生的思想观念、道德评价、政治意识、价值判断的形成和发展有着极其重要的影响和作用。因此，必须更新新媒体时代高校思想政治教育理念，充分利用新媒体的诸多优势，以促进高校思想政治教育动力生成。

一、新媒体应用于高校思想政治教育的优势分析

（一）新媒体的内涵特征

不同于报纸、广播、电视等传统媒体，新媒体是以网络媒体、手机媒体、数字电视、触摸媒体、博客、播客、维客、微博等新的媒体形态，利用数字技术、网络技术，通过互联网、宽带局域网、无线通信网以及卫星技术等渠道，以计算机、手机、数字电视为终端，向用户提供信息和娱乐服务。新媒体引起人们生活方式的改变和思想观念的变革，从根本上颠覆了人类传统的生活模式，它将信息传播技术应用到商业、教育、管理、文化、艺术等领域，已经成为信息社会中最新最广泛的信息载体，更加成为当代高校学生获取和交流信息的重要渠道。新媒体深受学生的关注和喜爱，极大地改变了学生的生活方式、思维方式和价值观念，为当前高校思想政治教育提供了新颖环境和良好机遇。

（二）新媒体应用于高校思想政治教育的特殊优势

新媒体作为知识传播和信息交流的有效工具，成为高校思想政治教育工作的重要传播载体，有着许多特殊优势。第一，新媒体的权威性。新媒体继承和发扬了传统媒体的优良作风，成为国家和政府的重要舆论宣传阵地，是党和国家路线、方针、政策的权威传播者和解释者，这是新媒体在思想政治教育工作中发挥重要作用的政治优势。第二，新媒体的覆盖性。新媒体面对公众、面向社会，具有很强的覆盖辐射能力，各种新的媒体类型在传播方式

上各有所长、优势互补，不受时空限制，随时随地可共享信息。新媒体这一特点契合了高校学生群体的年龄、性格、生活习惯等特点，使其成为新媒体受众群中极为重要的组成部分，这对做好高校思想政治教育工作具有不可忽视的作用。第三，新媒体的先进性。新媒体以其技术优势扩大了大众传播魅力，使得接收更便捷、选择更多样、信息更及时、效果更完美，富有鲜明的时代特征。大学生乐于接受和尝试新技术带来的先进体验，这是新媒体做好高校思想政治教育工作无与伦比的技术优势。

二、新媒体时代高校思想政治教育的现状与问题

（一）新媒体时代高校思想政治教育的现状特点

一是高校学生使用新媒体的现状。以电脑媒体和手机媒体为主要代表的新媒体已成为高校学生学习、生活不可或缺的工具；在书籍、报刊、广播、电视、手机、电脑等多种传播媒介中，高校学生把互联网和手机作为首选并最喜欢的媒介载体；多个统计调查显示，高校学生每日上网的平均时间均在 2 小时以上；而上网的目的中"娱乐"常常排在首位，以"学习"为第一目的的选择均不足调查对象总数的一半。二是高校学生对新媒体的认知现状。高校学生普遍认为新媒体应用门槛较低，使在校学习和生活变得更加丰富和便捷，他们乐于享受新媒体应用于他们的学习、生活之中；新媒体的平等、开放性为高校学生提供了一个自由的话语空间，为他们发表个人观点、展示个性提供了一个自由平台；大多数高校学生对于新媒体生产的信息具有一定的辨别力，但对信息的理解深度和批判能力尚待加强；1/3 的高校学生意识到新媒体对其思想观念和价值取向有较大影响。三是高校思想政治教育使用和接受新媒体的现状。新媒体以其高效快捷的通信方式被广泛地应用于课堂教学、日常事务管理和思想政治教育工作中，高校学生班集体、党团组织应用 QQ 群、飞信群、博客、微博、社交网站等多种新媒体载体建立了特点迥异的交流空间；高校学生更多地选择在网络空间借助新媒体与思想政治教育工作者袒露心声；在调查中发现，学生更喜欢高校思想政治教育活动采取多种方式和手段，充分利用新媒体。

（二）新媒体时代高校思想政治教育的突出问题

新媒体时代高校思想政治教育的调查现状反映了高校学生具备了接触新媒体的条件和使用新媒体所应具有的基本媒介素养，为我们有效利用新媒体做好高校思想政治教育提供了有利条件。但同时也看到，新媒体时代高校思想政治教育也存在着诸多问题。首先，高校思想政治教育主体媒介素养缺失，

高校学生和思想政治教育工作者审视、批判和使用新媒体的能力均有待提升。其次，高校思想政治教育内容不能满足时代需求，随着新媒体技术的发展和普及，应及时汲取有价值的知识信息，丰富高校思想政治教育资源和视野。再次，高校思想政治教育手段相对落后，高校校园新媒体应用仍处于将传统教育方式简单"复制"为新媒体形式，并未将新媒体时代思想政治教育新理念融入教育实践之中，开展形式多样、生动活泼、现实与虚拟相结合的思想政治教育精品活动。最后，高校思想政治教育环境复杂多样，新媒体时代使得文化多元化，多元文化冲击着人们的传统思想体系，影响着每个国家和社会的意识形态发展，高校学生所处的各种环境经历着不断变革，日益复杂多样，因此，以先进的思想、主旋律的声音进行信息传播，牢固主流文化、营造和谐教育环境是高校思想政治教育面临的挑战。

三、新媒体时代高校思想政治教育的创新发展

（一）利用新媒体创新高校思想政治教育主体

首先，努力提高高校学生的媒介素养。将媒介素养教育寓于课堂教学、思想引导、实践活动等思想政治教育工作各个层面。注重意见领袖的发掘和培养，发挥学生网络特殊群体的作用，在信息传播活动中树立优秀"学生把关人"，增强高校思想政治教育的主体性意识，提升学生的政治素质和自律精神，增强新媒体空间自管自治能力。其次，培养"专家型"的思想政治教育工作者。以思想政治教育的现代化为先导，更新教育观念，充分认识到新媒体时代为教育者带来的紧迫感，要努力学习传播学知识，掌握传播技巧，发挥信息优势，灵活运用一般传播原理和方法，把握思想政治教育规律，巧用新媒体，增强思想政治教育的传播效果。最后，发挥媒体融合优势互补的综合效应。熟悉和掌握各类新媒体的特点，比如 IM 即时通信（QQ、MSN 等）可实现高校思想政治教育的便捷沟通；Email 的有效快捷定位可提高高校思想政治教育的针对性和准确性；SNS 的公共交流平台可实现高校思想政治教育主客体的平等互动；Blog 的个性展示与自律可提升高校思想政治教育的自我教育养成；微博的即时讯息订阅可增强高校思想政治教育的信息动态把握。尊重教育客体的主体性，综合选择运用多种媒体进行优势互补，实现有效互动。

（二）利用新媒体创新高校思想政治教育途径

首先，大力拓展高校思想政治教育理论课教育教学主渠道。努力实现思想政治教育理论课课堂互动，通过新媒体技术实现对精品课程的广播、点播和直播，将文字、声像等媒体元素融于一体，大力应用在理论课教学实践

中，增强教学的吸引力和感染力，实现思想政治教育理论课教育教学双向交流。其次，着力巩固校园媒体思想政治教育新阵地。依托校园媒体建立一种为我所用的网络舆情疏导机制，关注学生中的焦点、难点和疑点，与学生进行良性互动，用正确、积极、健康的思想文化占领新媒体阵地；依托校园媒体建立一支为我所用的红色新媒体"把关人"队伍，由高校学生主管部门、宣传部、辅导员团队、理论课教师团队、学生党员、学生干部、校园媒体管理员等组成，活跃在校园媒体各个板块之间，促进形成正确的舆论导向。最后，努力探索高校思想政治教育好抓手。打造高校学生班集体"QQ 群""博客群""飞信群""人人网公共主页"和辅导员"博客群"等，创建有效交流沟通信息平台，为学生交流学习心得体会、分享生活感受感想、了解时事政治及社会热点等交换自己的意见和观点，使学生主动热情地参与到思想政治教育活动中来。

例如，青岛民办高校青岛滨海学院坚持辅导员、班主任与学生谈心谈话制度，加强网络思想政治教育工作，进一步完善 QQ 群、微信公众号、公开信箱和学生工作网站建设，加强学生干事、辅导员、班主任运用现代信息技术手段，加强与学生的信息沟通和思想交流，积极推进学生骨干信息队伍建设，形成了学校、学院、班级、宿舍四级管理的学生状况信息采集网络体系，创新"面对面""网对网"工作模式，达到全员、全过程、全方位育人的效果。利用校园广播站、滨海新闻、宣传栏等校本文化宣传平台，进行思想政治教育工作宣传，高度重视网络宣传教育工作，拓展微博、微信公众号等媒体平台，强化育人功能，提升宣传实效，着力解决学生现实思想问题。青岛滨海学院加强新媒体阵地建设，善用生动活泼表达方式做好思想政治教育，原创一批青岛民办高校大学生耳熟能详、直击人心的深入生活、深入现实、深入学生的原创网络文章；制作符合网络特点、制作精良、寓教于乐的新媒体作品，让这一代"互联网原住民"大学生爱听想听、入脑入心，大大提升思想政治教育的亲和力。青岛滨海学院学生工作处的微信公众号粉丝量达到 25043 人，校团委微公众号粉丝量达到 9732 人，成为思想政治工作宣传的重要平台之一。已经成为提升思政教育亲和力，准确把握大学生成长发展的实际需求，开展网络育人的重要平台。

（三）利用新媒体创新高校思想政治教育策略

首先，以高校"红色网站"建设为中心的主体策略。注重网站形式，采取迎合学子"口味"的形式，精心设计教育内容，扩大新媒体宣传阵营，加大高校思想政治教育软件开发力度，提升高校思想政治教育的技术先进性。

其次，以网络内外联动为中心的技术策略。占领思想政治教育新阵地，应不失时机地找准切入点，夯实网下思想政治工作基础，构筑校园网上网下联动、全员参与、全时监控的立体交叉网络。加强新媒体与传统媒体的合作，利用传统媒体的优势介绍校园新媒体的丰富资讯。最后，以增强可接受性为中心的内容策略。要深入研究高校学生的心理特征和需求，有针对性地设计和选择适当的教育方式，以满足学生身心成长的需要，在内容上要注重针对性和灵活性、生动性和艺术性、真实性和服务性、层次性和时效性、一致性和连贯性，提高高校思想政治教育的效果。

例如，青岛民办高校青岛滨海学院组织网络教学管理平台深化应用培训。为进一步推进 Blackboard 课程教学平台（以下简称 BB 教学平台）在全校的应用，提升信息化教学水平，青岛滨海学院教务处邀请毕博公司培训工程师魏方田，在经济管理实验教学中心 206 室对全校教研室主任及实验（践）教学中心主任进行了 BB 教学平台的深化应用培训。

为提高培训的实际效果，教务处提前征集了各二级学院（部）在 BB 平台使用过程中遇到的问题。魏老师结合青岛滨海学院 BB 平台使用情况，分别就 BB 教学平台的案例分享、学习路径与自适应学习、作业、自评互评、题库与测试、课程管理、学生学习行为管理与数据分析、交流答疑等功能做了详细的介绍，对教师如何利用平台设置教学进度、布置作业、在线测验答疑、上传教学资源等功能进行了详细的讲解。BB 教学平台是青岛滨海学院为配合教学综合改革引进的国际知名网络教学平台。该教学平台以课程为中心集成网络"教""学"的环境，其功能覆盖整个教学过程，提供丰富的应用工具来辅助教学工作，为教师和学生创建自主的网络学习环境，同时使教师和学生拥有自己个性化的学习空间，其主要功能包括网络课程建设、教学资源展示共享、教学互动、交流协作、数据统计和评测反馈等。

通过各种类型的 BB 教学平台应用培训活动，提高青岛滨海学院教师使用 BB 教学平台的积极性，让学生在不受时间与空间的限制下轻松学习、快乐交流、热情参与，使教与学更富乐趣，更有效果，实现教学"以教师为中心"向"以学生为中心"的转变，进而推进青岛滨海学院教学综合改革，提高人才培养质量。

第三节 新媒体时代高校思想政治教育载体研究

一、新媒体对思想政治教育载体的影响

随着社会的进步和经济的发展，思想政治教育载体也与时俱进，在大学生思想政治教育中发挥越来越重要的作用。各类思想政治教育载体在具体选择和应用的过程中，既产生了一些良好的效果，但也有差强人意的地方，有待提升和改进。

（一）积极影响

当前，新媒体技术对高校思想政治教育载体的影响是多方面的，其积极影响主要表现在：

第一，新媒体能够突破传统思想政治教育载体的时间和时空的限制。新媒体最大的优势特点就是即时交流功能强，这一优势特点主要体现在不受时间和地点的限制，随时随地能够传达信息内容。传统高校思想政治教育载体要在一定的时空范围才能发挥作用，比如课堂载体，教师和学生要在同一时间在同一间教室才能进行思想政治教育知识的传授。而新媒体在突破时空限制的同时还能保证受众的广泛和信息的及时，在当前高校思想政治教育活动中发挥着前所未有的积极作用。

第二，新媒体能够丰富思想政治教育载体形式。随着新媒体技术的发展，移动网络的普及，尤其是近几年来以声频互动和可视互动为核心，融合多项信息技术的设备终端、应用软件和网络平台等不断被开发出来，使高校思想政治教育载体迎来了新的发展契机。以往课堂载体、活动载体、管理载体和文化载体为高校思想政治教育的主要载体，在新媒体的环境下，手机平板、网络论坛、微博微信等新颖的、具有交互性的载体对大学生有很强的吸引力。他们可以通过手机互相交流想法，可以通过网络平台发表自己的意见，产生互动，可以在自己感兴趣的载体上获取任何想要了解的信息和内容。总而言之，新媒体不仅丰富了思想政治教育载体的形式和内容，还更好地发挥了思想政治教育载体的作用，它在更大范围和更深层次上满足了高校思想政治教育载体的发展要求，有利于高校思想政治教育活动的不断完善。

（二）消极影响

唯物辩证法告诉我们，凡事都具有两面性。新媒体技术不仅给高校思想政治教育载体带来了积极影响，还带来了一定的消极影响。

第一，新媒体载体的使用冲击了高校传统思想政治教育载体的有效性。新媒体时代，开放性强、丰富多样的新媒体载体使高校传统的课堂载体、活动载体、管理载体和文化载体发挥得作用遭到削弱，这些载体的地位开始受到了挑战。以往高校各类思想政治教育载体采用面对面或者灌输等方式进行，思想政治教育客体获得信息和内容的方式仅限于听和讲，地点和时间也都是固定的。如今新媒体载体的多元、开放和自主的特点满足了大学生多样化的需求，使得大学生逐渐与传统高校思想政治教育载体产生疏离，在虚拟的网络中寻找在现实中不能被充分激发的主动性和积极性，削弱了传统高校思想政治教育载体的实效性，给高校思想政治教育工作带来了挑战。

第二，新媒体发展过快导致了部分教师对高校多样的思想政治教育载体利用率不足。因为新媒体技术的迅猛发展，除了高校传统思想政治教育载体需要与时俱进之外，新媒体载体的开发和运用也是高校思想政治教育活动的重要内容。这样一来，高校教师既要保证传统思想政治教育载体继续发挥作用，也要确保新媒体载体的顺利开发，就会导致部分教师心有余力不足，无暇顾及所有思想政治教育载体的均衡使用，从而引发思想政治教育载体效率不高的问题。

总的来说，因为新媒体给高校思想政治教育载体带来的消极影响并不是不可调和的矛盾，只要将新媒体技术整合在思想政治教育载体发挥作用的过程中，就能实现新媒体时代增强高校思想政治教育载体功能的目的。

二、新媒体时代高校开发和创新思想政治教育载体的必要性

思想政治教育载体不是一成不变的，它历来都是随着时代环境和教育内容变化而变化的。在新媒体时代，思想政治教育内容不断丰富，就要求思想政治教育载体也必须要不断拓展创新，这不仅是适应高校思想政治教育环境变化的需要，也是载体自身发展的要求，更是增强思想政治教育载体实效性的需要。

（一）适应高校思想政治教育环境变化的需要

高校校园环境及学习氛围能给予人巨大的精神力量，在高校中进行学术科研及教学活动所具备的求真务实和认真负责的精神能使大学生在生活、学习及行为方式等方面得到很大的提升。高校通过开展多姿多彩的学术课堂、

文化宣传、管理模式、课外拓展等活动，构建健康的、优秀的社会主义校园环境，不仅能够促进大学生的全面发展，更能使具有个性特长的学生找到适合自己发展的方向，增强个人自信，实现个人价值。但随着新媒体在高校范围内的广泛使用，大学生被新媒体所吸引，减少了在学习和研究方面的时间，沉浸在新媒体构造的虚拟世界里，高校原先浓厚的学术氛围开始淡化，思想政治教育的作用也逐渐被削消解。

新媒体时代高校思想政治教育面临的校园环境变化给高校思想政治教育载体的开发和创新造成了一定的影响。高校现阶段使用的课堂载体、活动载体、文化载体和管理载体所承载的思想政治教育内容开始显现出了滞后性和低效性，多样的新媒体网络平台的广泛覆盖进一步增加了高校思想政治教育引导的难度。新媒体时代大学生的日益强烈的自我意识和自尊心使高校现有思想政治教育载体效力下降，新媒体技术的开放性和交互性满足了大学生互相交流的强烈需求。这样，高校原有的单方面传递信息的各类思想政治教育载体就会失去吸引力。在这样的校园环境下，教育者应该及时更新观念，强化知识，积极把握正确的思想政治教育方向改善课堂载体，丰富活动载体的形式，将管理载体进一步人性化，积极引导大学生接受思想政治教育。

（二）高校思想政治教育载体自身发展的要求

现阶段，青岛民办高校各种新媒体的使用率大大超过以往，思想政治教育载体作为紧跟时代潮流的物质存在也应该和新媒体紧密结合。新媒体和思想政治教育载体的结合能够很大程度地提高思想政治教育载体的使用效率，能够促进思想政治教育载体的更新。

任何一个拥有强大生命力和光明发展前景的事物都是始终保持不断创新的状态。传统思想政治教育载体是教育者在长期教学实践中经验和智慧的结晶，具有非常宝贵的价值。但是在新媒体时代，其实用性开始显露出与时代脱节的现象。当前，新媒体充斥着高校校园的每个角落，传统思想政治教育载体开始受到时代发展的制约，实效性开始下降，吸引力不足，逐渐凸显出了自身的不足。在这样的情况下，传统的思想政治教育载体要想继续生存下去，不被新环境所淘汰，就必须要和新媒体相结合进行必要的改造，在保证自身价值实现的同时能够应对新环境提出的各种新挑战和新要求。反之，如果继续保持原有的状态，不进行任何转变的话，那传统的思想政治教育载体就会成为只能供人参观的"古物"，没有任何实际的实践意义。

因此，青岛民办高校思想政治教育的载体必须要与时俱进，与新媒体时代步伐接轨，不断发展和超越自身，用一切办法创造新的办法，永葆高校思想政治教育载体的青春活力。

（三）增强高校思想政治教育实效性的需要

在新媒体时代，利用新媒体进行学习已经成为一种生活常态，新媒体以其强大的渗透力影响着大学生的行为和思维方式。传统思想政治教育载体已经不能满足大学生的多项需求。为了增强高校思想政治教育载体的实效性，就必须要认真考虑大学生的心理和需求，有针对性地进行思想政治教育载体的开发和创新。

大学生是思维非常活跃的群体，也是新鲜事物最强能力的接受者，他们的需求丰富多样，想法也是天马行空，他们有着不同的个人爱好，也会有着需要开导的思想困惑。对于不能一概而论的各类情况，高校思想政治教育者采用什么样的载体能更有实效性地解决这些问题，就是新媒体时代高校开发和创新高校思想政治教育载体的意义。对于置身新媒体时代的大学生，教育者怎样采用不同的载体来引导和指导他们辨别五花八门的信息和避免不良思潮的侵害是教育者开发和创新思想政治教育载体的重要目标。

一个载体的选择和运用最主要的就是要考虑它教育实效性，因为只有选择正确的载体才能有针对性地解决问题。传统的载体形式单一、模式固化，已经不能满足当前多样化的大学生需求，继承传统载体的优势、进行新媒体载体创新，才能在体现传统思想政治教育载体的价值的基础上继续提升高校思想政治教育载体的效力。

实践证明，新媒体技术的发展，在让传播手段变得更加多元的同时，也让高校思想政治工作有了新的抓手。新媒体可以通过图像、音频、视频等鲜活元素，让抽象的思想政治工作内容更接地气儿、形式更喜闻乐见。近年来，岛城各高校主动适应大学生新媒体使用特点和规律，不仅开发了一批具有较高影响力的微信、微博等新媒体宣传阵地，还将新媒体技术引入思政课堂，激发了学生的学习热情。

青岛部分高校还将新媒体技术引入课堂，使得教学手段更丰富、更高效。山东科技大学、青岛大学等思政课实行"网络教学"和"专题教学"相结合的模式，提高了学生的主动性和积极性；青岛黄海学院改革国学课堂教学模式，建立随堂微信群，让大家分享家书、分享领悟；青岛酒店管理职业技术学院将 VR（虚拟现实）技术引入思政课堂，学生们戴上 VR 眼镜，就可以真切地体会到红军长征时爬雪山、过草地的艰难与不易。

青岛市委高校工委思政处相关负责人表示，为引领高校思政工作树立互联网思维，青岛曾组织了以"在新媒体条件下政治传播与释放正能量"等主题的学术研讨会，推动青岛高校思政工作传统优势与信息技术融合，使互联网成为开展思想政治教育的新平台。下一步，青岛各民办高校将针对青岛民办高校大学生的信息传播和接受习惯等实际特点，强化大学生思想政治教育网络建设，充分利用微博、微信、客户端等新媒体平台，及时提供思想性、教育性、趣味性强的信息资源，壮大舆论引导力度，释放网络正能量。

三、新媒体时代高校开发与创新思想政治教育载体策略

在新媒体时代，开发和创新高校思想政治教育载体的策略，必须与当前阶段的教育工作特征紧密相连，也就是说开发和创新高校思想政治教育载体要从以下方面去考虑：一要积极利用新媒体努力加强对高校思想政治教育传统载体的改造；二要有效利用新媒体技术不断完善目前高校已使用的新媒体载体功能；三要借助新媒体技术，不断丰富高校新媒体载体形式。

（一）加强高校思想政治教育传统载体的改造

课堂、活动、文化和管理等传统思想政治教育载体已经在高校长期的思想政治教育实践过程中形成了很强的主体优势并产生了良好的教育效果，但随着新媒体发展促使的高校教育环境变化，传统思想政治教育载体出现了某些环节和方面不相适应的情况。因此，根据实际情况，高校教育者应对传统载体加以完善，在内容、形式上进行优化，使之紧跟新媒体时代高校思想政治教育的潮流。

1. 提升课堂载体知识趣味

与其他思想政治教育载体比较而言，高校思想政治教育课程载体具有稳定性，并且课堂载体的知识体系也非常完备，是目前高校对学生进行思想政治教育的最基本载体。在当前新媒体技术飞速发展并广泛应用的背景下，要充分利用新媒体技术加强思想政治教育理论课这一载体建设。

首先，要利用新媒体技术优化创新课堂教学的方法和手段。大学生的思想普遍比较活跃，传统的知识灌输教学方法很难再吸引住学生的注意力。所以，思想政治教育理论课的教学方法必须要进行改革和创新。比如，在传统的思想政治教育课堂，为了保证课堂出勤率，教师通常会使用点名册点查看到场人数。而现阶段，有的教师出新意，采用微信点名方式。教师会在上课前现场建立班级的微信群组，每个同学通过扫描群组二维码来进入群组。当群组人数等于该班级应到人数时，老师便完成了该堂课的点名任务。俗话说"好的开始就是成功的一半"，利用微信进行课堂点名，既保证了学生的出勤率，也激发了学生学习思想政治教育课程的兴趣。

其次，要增强学生的主体意识。以往高校的思想政治教育课堂是教师主讲，学生主记。其实作为意识形态课程，思想政治教育的最终目标是能够引导学生将理论知识内化为自身的意识和修养，并规范自己的行为，增强自己的自律性。目前思想政治教育课堂还是浮于理论教授的表面，学生听完了事，不会思考，不会内化，最后以考试评估完成学习，根本没有达到"育"的目的，只有"教"的过程。而将课堂中教师的主体地位让与学生时，这个问题就会迎刃而解。

无论哪一种新媒体和课堂载体的结合使用，都离不开教学方式的创新和重视学生的主体地位。新媒体时代，只有将高校思想政治教育载体与新媒体相结合，才能形成整体效应，弥补传统高校思想政治教育课堂载体的诸多不足。

2. 简化活动载体开展流程

为了进一步增强思想政治教育课堂理论知识和社会实践活动结合的效果，各大高校会尽可能鼓励大学生参加社会实践活动并提供必要的经费支持。现阶段，高校许多实践活动经费的审批是个非常琐碎且耗时的过程，很多时候往往因为经费的未及时到位会削弱学生参与活动的积极性。针对这一现象，学校可以在支付宝等网络支付平台开设学校活动经费审批的服务窗，学生申请活动经费时，可以直接通过支付宝的服务窗口进行活动项目的申请，在线填写申请缘由和相关信息之后，由学校负责经费审批部门的人员在后台核实并在短时间内尽快予以审批通过与否的答复。审批通过后，款项直接拨入活动负责人的支护宝账户，既方便又快捷，且符合当前高校大学生使用网络支付平台的习惯。并且，支付宝能够提供各项欠款的收支明细，活动结束后，审核活动细节也能够得到很好的保障。这样一来，活动的组织和进行省去了许多不必要的时间，也会极大地提高学生参与活动的热情。

高校活动的开展除了要有经费的保障，还需要场地、人员和其他资源的支持。高校思想政治教育活动场地通常会设在社区、博物馆、纪念馆等地方。但是这些地方数目繁多，很多大学生不太了解，即使有想参加的学生，也可能分不清哪些可以进行实践，哪些不可以。新媒体时代有个最大的特征的就是网络能搞定一切，几乎所有的信息在网络上都能查询。高校可以在校网或者微信平台，创建与学校有合作的场地查询服务号，附上场地详细信息介绍和开放时间，并提供在线预约功能，学生可以自行也可以集中组织前往实践场地。这样的活动组织形式给了大学生极大的自主选择性，可以避免传统的活动组织的形式主义和学生参与度不高的问题。

3. 增添管理载体人文关怀

从以人为本的角度出发，高校的管理载体不仅要重视规章制度，更要重视人情道理。就以谈话沟通为例，这一管理载体形式主要是教育者对学生进行的面对面式的交流过程，这个过程不仅仅是思想和语言的互动，更是情感的互动和交流，想要达到深刻、有效的目标，就必须以情感为前提，建立教育者和学生之间信任机制。但是现阶段高校学生和教师之间的关系并没有达到情感交融的程度，要学生对教育者吐露心声，可能很多学生会碍于教师的严肃面孔而不敢言说或者直接置于心里不会与教育者进行交流。但新媒体可以很好地避免这样的问题，微信、微博等多种即时交流软件给了羞于与教育者面对面交谈的学生一个非常好的平台。在这些平台中，学生和教育者可以不必面对面，但是在胜似实际的场景进行交流。学生和教育者可以采用语音、文字等形式进行沟通，并且类似微信这样一对一的交流方式又充分保障了学生的隐私心理，很多问题可以在双方都比较舒坦的情况下就得以解决。

虽然在今天新媒体技术广泛应用的背景下，师生之间很多交流可以通过线上交流实现，但是线上交流永远不能代替面对面的、能够体会到对方情感态度的谈话交流，而有时正是这种情感态度信息对于大学生的正确的规范认知和健全的自我认知具有重要意义。

4. 强化文化载体方向引导

新媒体时代，传统高校思想政治文化载体的内容已经不能满足大学生多样化需求，高校必须要开发创新与新媒体结合的文化载体。在新媒体背景下，校园主题网站是文化载体的重要阵地。高校要一手加大网络硬件的建设力度，另一手要紧跟形势发展建设各类主题网站，通过文化主题网站传播主流价值观和先进文化，丰富高校文化载体的内涵，延伸高校文化载体的广度。因为新媒体的发展使得当代大学生在接受信息方面体现出了很强的自主性和多样性，所以文化主题网站的内容一定要贴近学生，贴近实际，产生吸引力并进行正面教育，引导大学生在当前多元道德体系和价值观中遵循符合现实社会发展的规范，强化自我约束精神，自觉遵守网络道德。

另外，手机是高校大学生最为热衷的新媒体设备，它因体积小、便于携带、覆盖面积广、接收频率高等特点深受大学生的青睐。因此，高校可以开发创新手机端文化载体来加强传统文化载体的建设。比如举办手机思政文化大赛，不需要设置大赛场地，只要学生拥有手机，在一定时间内编写与思想政治教育内容相关的文章、诗歌甚至短信，直接发送至文化活动组织人员，进行评比。高校还可以鼓励学生在参加思想政治社会实践时随手拍下自己的实践场地或者与思想政治教育内容相关的照片，并公开在学校文化手机端平台或者学校网络上，用学生自己的力量构建学校的思想政治教育的文化氛围，这样会使大学生有充分的归属感，在后继的各项活动中继续发挥主人翁精神。

（二）完善高校思想政治教育新媒体载体功能

新媒体技术的发展促使了青岛民办高校部分教育者已经开始选择运用一些新媒体载体，只是由于受到技术、人员和资金等因素的限制制约，这些新媒体载体没有很好地发挥其思想政治教育载体功能，存在着需要进一步完善的地方。因此，不断完善青岛民办高校目前已使用的新媒体载体，是当前青岛民办高校思想政治教育载体发展的重要任务之一。

1.加强论坛建设

高校网络论坛就像一个集体居住的社区，它的群体广泛，且没有阶级身份之分，每个人都可以在其中畅所欲言，深受高校师生的喜爱。在网络论坛里，由于看不见身份信息，学生可以是教师，传递其思想政治教育观念，教师也可以是学生，学习其他人的思想政治教育理念。在论坛里，也不仅仅是思想政治教育内容的阵地，各种时事热点也是人们热烈讨论的对象，且在淡化身份背景的情况下每个人可以阐述自己最真实的想法。但是任何事物都具有两面性，高校论坛也是如此，正是因为隐去了身份背景，部分大学生的自我约束和言论规范意识还不是很强，在论坛发言的过程中，会不顾后果任意散布不良言语或者捏造谣言。这样的情况如果不能及时改善，将会成为高校思想政治教育的极大隐患。论坛是一个集中性很强的地方，如果对不良现象不加以及时的制止，会对其他大学生的思想和人格以及心理健康产生负面影响。所以，对于高校网络论坛载体必须要时刻把握好言论的方向和趋势，不能被不良风向弱化思想政治教育的影响。

把握论坛言论的方向和趋势，加强网络论坛的建设，完善网络论坛载体功能，要做好以下几点：首先，学校要在后台能够建立实名体制，每位参与论坛的人在注册时要采用实名注册，并填写相关的个人信息。在论坛发言过程中可以选择隐匿个人真实信息，但是一旦被举报或者发现有不良行为的出现，可以立即根据后台的实名信息进行警告和制止。其次，高校要完善论坛的管理规章制度，细化惩处规范，还可以采用黑名单制度，如果有人多次违规发言且屡教不改可以直接取消其发言资格，将其剔除论坛。最后，高校还要建立一个完善的应急处理和联动机制，促使学校各部门密切配合，设立舆情监控机制，及时处理论坛紧急情况和多样诉求，确保论坛运作正常运行。

2.强化QQ群功能

QQ群的作用与飞信类似，是为用户建立的一个群体即时通信平台。但飞信只能一对一或一对多发信息，QQ群可以一对一、一对多、多对多和多对一进行交流。通常，高校管理者或者教师在创建群以后，会邀请学生或者教师在群里交流、谈论共同感兴趣的话题，也可以交流关于思想政治教育的看法。

另外，在现实中开展的班会和其他会议中由于受到时间的限制，不可能每一位同学都进行发言，也不能保证每个发言的同学能及时得到老师的反馈，现在 QQ 群提供了 7*24 全天候都能使用的在线平台，学生随时可以发言阐述观点，与老师和其他学生互动。群内除了可以进行即时交流和讨论，还可以上传和共享各种资料和信息。不过，没有尽善尽美的事物，QQ 群的一个弊端在于有时群里发言或资料数量过多时，易造成无序和混乱，学生、教师没有办法精准快速地找到自己需要的内容。针对这一现象，管理者需要进行群组规范，不管是学生还是老师，能及时对群里的信息进行整理归纳，将会便于学生和教师的后期使用。除了规范群组，QQ 群的主要教育者还可以指定个别学生为群管理员，作为管理副手在线帮助教师上传课件、课表、作业以及其他相关信息与其他同学共享，将 QQ 群功能发挥至最大和最有效。

（三）丰富高校思想政治教育新媒体载体形式

创新是民族进步的灵魂，也是推动高校思想政治教育载体发展的不竭动力。在新媒体时代高校应该充分利用新媒体技术丰富高校思想政治教育载体的形式。

1. 建立微博平台

当前，微博作为新兴的自媒体平台，较之以往博客部落，因其互动性强、即时交流超方便受到大学生的热烈推崇。微博一经注册申请即成为私人的发言平台，且微博字数限制为 140 字，能简练快捷地表达各种信息，微博设有转发、评论和点赞三种互动方式，可轻松与他人进行交流，因此，微博用户近年来呈现出"炸裂"式增长趋势。微博之所以受欢迎，是因为微博作为一种网络的发布个人信息平台，只要互相交换微博账号就可以进行互访，并且微博内容多样且更新及时，版面简洁清爽，大部分内容已经经过发布者的精简提炼，能满足大学生的碎片化阅读的需求。高校应该鼓励思想政治教育专职教师利用微博开展教学工作，创新工作教学，拓展教学平台。教师要合理利用"关注"功能，积极主动关注学生微博，鼓励学生在微博上进行互动，及时透过微博了解学生的思想动态和对重大社会事件的态度，从而提高思想政治教育教学的针对性和教学工作效率。另外，微博的"评论"功能，可以使教师就与学生个体互动中展现出来的问题给予适当的指导和及时的纠正。思想政治教育教师还可以利用微博的"发布"和"转发"功能，将大学生思想政治教育从课上延续到课下，从理论过渡到实际。通过发布和转发生动形象的网络资料、社科文章等内容，尤其是动图图片、视频音频等直观资料是对大学生知识课堂很好的补充和延伸，这样能在很大程度上激发学生对思想政治教育学习的兴趣。思想政治教育教师也可以以每日微博话题榜的热点话题在微博上发表自己的意见看法，鼓励学生以"评论"或"转发"形式进行探讨和交流，并在这一过程中把握好思想政治教育者的导向作用，引导大学生树立正确的世界观、人生观和价值观。教师还应该要不断学习，查缺补漏，丰富自己的知识能力储备，提升新媒体素养，在使用微博载体的过程中避免机械说教，积极挖掘深度素材，使思想政治教育教育微博载体内容寓教于乐，让大学生乐于关注，乐于交流。

为了解和分析学生，真正为学生解决问题，提高辅导员自身本领和素质，搞好辅导员职业生涯规划，走专业化、专家化道路，青岛滨海学院自2015年至今连续举办五届辅导员职业能力大赛。每届大赛都举办辅导员素质能力大赛博文写作培训。博文写作先必须明确并坚定立场，不迎合媚俗，做到为党为国为人民而写，为学生而写；其次，注重日常信息积累与知识积淀，关心时政社会热点，以问题为导向，提升"讲好故事"的能力；在行文时，做到形式与内容并重。最后，博文写作的功夫要下在线下，时刻思考：站在哪里，看到哪里，想到哪里，做到哪里，影响到哪里。通过培训青岛滨海学院辅导员对辅导员素质能力大赛有了更加深刻的认识，大大增强了网络思政素养，提高了博文写作的实用技巧，提升了辅导员开展网上教育、管理、服务及网络引导能力。

2. 创建微信公共服务账号

微信现在是全民都会使用的一种新媒体社交软件，它的操作简便，可承载内容丰富。目前，想要抢占高校思想政治教育阵地就必须要开发以微信为载体传递思想政治教育内容的载体，使大学生更便捷地接受思想政治教育信息。

首先，高校要组建校园思想政治教育微信公众平台的运营队伍。由学校发起倡议，从各院系辅导员、思想政治教育专职教师以及新媒体运行中心中抽调部分教师组建微信运营队伍，发挥不同职位的互补优势，保障思想政治教育微信平台顺利运营。其次，鼓励学生参与运营高校思想政治教育微信平台。高校思想政治教育微信载体需要教师的运营维护，也需要学生新思维的填充，如果微信平台的内容还是教师传统的思想政治教育内容，对学生必然不会产生吸引力。学生最了解当前学生的各项需求，可以鼓励学生和教师一起开发思想政治教育微信载体，不仅有教师作为后台保障，还能保证微信内容的新颖和趣味。除了让学生参与微信平台的运营，还要鼓励学生在微信平台上进行互动，现在很多微信平台有后台留言和赞赏服务，高校要鼓励学生参与微信的互动，提升微信平台的有效性，也是间接鼓励运营高校思想政治教育微信载体的老师和同学做将微信载体做得更好。最后，构建多级高校思想政治教育微信公共服务平台。高校思想政治教育微信公共服务平台应分为校级和院（系）级两个等级，分别发挥不同等级微信平台的作用。校级思想政治教育微信平台的目标用户群是全体学校教师和大学生，学校可以通过微信平台的软文推送，传递校训校规，并辅以生动实例和模范人物事迹提倡教师和学生学习模仿。另外，还可以把社会主义核心价值观这一社会主流意识形态渗透到微信推送内容中，并以多元化方式呈现给高校教师和学生，增强主流意识的吸引力。

第四节 新媒体时代高校思想政治教育环境的优化

一、新媒体视野下高校思想政治教育环境存在的问题

（一）社会环境存在的问题

1. 政治信仰存在潜在危机

由于网络的隐蔽性无形中加大了网络虚拟世界监管的难度，这其中良莠不齐的信息随处可见。西方少数发达资本主义国家凭借其资本和技术方面的优势，肆意传播历史虚无主义，否认中国近现代历史的存在，通过微信朋友圈发文章歪曲和诋毁中国英雄人物，或者利用少数贪污腐败案例大做文章，以此丑化中国共产党，破坏党在人民心中的形象。面对消极的不良信息，大学生社会经验欠缺，年轻气盛、好奇心重，对虚假信息缺乏甄别及抵抗能力，面对纷繁复杂的多元价值观他们显得更加茫然失措，这些都会引起严重的信仰危机。

2. 价值观选择出现"错位"现象

微媒体的发展使整个世界连成一个整体，传统的社会道德以及社会习惯在网络世界中也难以约束大学生的思想行为，在网络世界中的大学生已经不是赤裸在阳光下的社会人，而是处在私密空间中的个体。随着媒体技术的发展，大学生获取信息资讯的渠道不再仅仅局限于传统的报纸、书本，而是从整个互联网中获取对自己有用的信息。大学生可以便捷地了解到西方世界的文化思潮、新闻资讯，这些内容所传达的观点、态度都深刻地影响着大学生的价值观。意识形态多元化的时代，拜金主义、享乐主义严重影响着大学生的价值选择和价值判断，一些缺乏理性的大学生价值观选择"错位"，这在一定程度上不利于学生的健康成长。理想信念是精神的支柱，精神上缺钙就会

得软骨病，丧失精神支柱对党和人民会造成致命的伤害，面对多元的文化思潮、端正态度、坚守理想信念、树立正确的核心价值观念刻不容缓。

（二）校园环境存在的问题

1. 数字化校园缺乏规划

网络时代，高校课堂数字化蔚然成风，"数字化校园是利用数字化手段和工具，将校园内的相关资源进行信息化处理，有效提升传统校园的时空维度，最终实现教育过程全信息化，提高教学及管理水平。"数字化课堂已经成为高校课堂的一种新形式，为各门课程的开展提供了广阔的平台和丰富的教学资源。但是缺乏规划的数字化也给高校带来很多问题。例如，集中审核机制还不健全，在各个学科中教学内容出现重复、冲突，条理不清楚，教学内容的内在逻辑性不精准等问题都引起了建设资金的浪费，为教学和科研活动带来严重的困扰。一些网站建设存在"制度真空"，缺乏必要的道德约束机制；部分教育性内容说教性偏强，理论性太浓，师生的浏览量不大，大多处于"自导自演"的状态，关于数字化建设的许多工作制度仍处于探索的阶段，有待进一步修订完善。

2. 部分校园文化活动重形式、轻内容

高校校园文化活动存在严重的走过场现象，忽视了其本质内涵及意义。"校园文化建设经过多年的积累和探索，物质、制度层次的建设已经渐趋饱和并已开始显示出重复建设的苗头，再不努力发掘现有的物质文化设施和制度文化的精神文化意义，必将导致校园文化处于低水平状态，发挥不出校园文化在高等教育中的积极而重要的作用。"大部分学校组织了很多学生活动，但是，这其中有很多活动不是学生自愿参加的，很多都是强制要求学生去坐场，或者强制每个班出多少学生参加。反思这种现象，我们不难发现目前的学校文化活动难以真正调动学生参与活动的积极性与主动性，容易增加了学生的逆反情绪，导致很多学生沉迷网络不能自拔或者沉迷于赌博、麻将等损害身心健康的活动。

3. 思想政治教育自身存在的问题

第一，教师的话语权发生改变。传统思想政治教育中，教师起组织、引导的作用，教育者设计并控制着课堂教学过程，长此以往，产生沉默的螺旋效应，学生已习惯处于被动地位，正统的价值观随之始终处于权威主导地位。新媒体时代，教育对象不是被动地接受所有教学内容，他们具有自我判断、自我甄别、自我选择的能力。教育对象借助媒体终端所自主了解的信息可能比教育主体还要多，网络媒体的身份虚拟化、主体平等化消解着权威主体的话语主导权。微媒体突破了传统信息的单向传播，实现了多主体的多维沟通和等量交流，只要参与进互联网世界，每个主体都有平等的发言权。网络媒体拥有海量信息，相比于传统言辞说教的教学方式更富有感染力，教育客体也更倾向于接受集视听于一体的教学模式，教育主体很难把控学生的思想状况，传统教育者"唯我独尊"的地位被动摇。

第二，教育方式方法亟待创新。在传统课堂中，教师普遍采用理论灌输法，教育者根据教育目标制定教学内容，授课内容中的部分知识具有相对滞后性，受教育获取信息的渠道相对单一，信息的传播、接收还不便捷，"老师讲、学生听、满堂灌"的现象较为严重，课堂中，教师把学生当作容器，这种沉闷的课堂很难激发学生的学习兴趣。网络媒体的高速发展带来的是更加便捷、高速、自由的信息传播，网络中个体的思维更加活跃，视野开阔，无形中增强了学生的主动性、能动性。加之 4G 网络的到来，大大提高了信息传播的速度，传统的理论灌输法不能充分调动起学生的积极性，容易使学生产生抵制厌烦情绪。

第三，教育主体素质欠缺。美国学者哈罗德·拉斯韦尔认为信息的传播过程是"5W"模式。"'5W'指 Who（谁），Sayswhat（说了什么），Inwhichchannel（通过什么渠道），Towhom（向谁说），Withwhateffect（有什么效果）"。传统的"5W"传播模式在新媒体时代已经发生的巨大的变化，信息源的快速传播使得信息不仅仅是简单的一对一的单向传播模式，而是多维度，发散式的网络传播模式。网络的发展对教育者提出较高的技术要求，一些教师年龄偏大，时间精力有限，不能熟练地掌握媒体教学方法，对于新鲜事物的接受能力有所欠缺，技术熟练掌握程度跟不上媒体信息技术的更新速度，对于智能手机或者网络上的应用软件操作不熟练，部分教师不经常关注微博等热门信息，微语言使用较少，很多学生表示和老师的交流不在一个频道上，二者在沟通时缺乏共同语言。

第四，教学内容需要更具有时效性。思想政治教育课本中的内容本身理论性很强，学生通过自学就可以理解其表面含义，但是往往是知其然而不知其所以然，学生更多的是需要联系实际的去认知和理解。教育者的授课内容大多停留在"读课本"的层面，授课方式缺乏理论与现实的联系，大学生视野开阔，获取信息能力强，纯粹知识性大满贯的课堂只会激起学生的反感情绪，已经不能满足学生的需求。学生热衷于了解热点新息，对于流行度高的信息如果教师难以在第一时间内给予系统深入的分析和解答，教育内容就难以入脑、入心。同时，面对突发热点事件时，学生的判断力出现混乱，价值观选择迷失方向，这就需要教育工作者具有良好的媒介素养，坚定立场的同时加深对国家方针政策的学习、理解，在此基础上，引导学生形成正确的三观。

第五，教育过程需进一步优化。自媒体时代中，大学生接收到的媒体信息来源广泛，渠道多样，涉及面广，思想政治教育者很难把控学生目前的思想状况，信息的接受和发布都存在非集中控制性的特点，教师无法掌握每个学生的思想状况，难以了解问题学生的现实需求及接受情况，这就给教育者的集中针对性的教育教学带来重重困难。此外，自媒体信息的传播具有不确定性，信息的传播及发展态势具有不可控性，在看起来确定性的系统中信息的传播却充满了偶然性，信息传播的方式和结果都具有很强的随机性，教育主体在授课过程中对于每个教育客体的具体接受情况和内心思维逻辑很难准确把握。思维决定行动，面对部分突发事件，部分教育客体由于其思想偏激，缺乏理性，人云亦云很容易做出过激的行为，造成不必要的伤害。信息的反馈在思想政治教育过程中起着重要的作用，根据反馈的信息教师可以调整相关的教育目标、教育模式、教育内容，然而在实际的教学中网络媒体的隐秘性增加了真实信息的反馈难度，仅限于课堂的师生关系使得教育者很难获取正确的反馈信息。

（三）大学生群体存在的问题

1.大学生的角色意识淡化

现在朝气蓬勃的大学生普遍存在好奇心和探索心，倾向于挖掘手机、平板等智能设备的功能，更容易接受时代涌现出的新鲜事物，各类应用软件的不断更新升级为大学生之间便捷的沟通创造了条件。大学生群体在微信中有属于自己的朋友圈，成员的评论信息只有相互之间是好友的人才可以看到，无形之中就把同辈朋友圈之外的人边缘化。大学生群体间的关系大多依靠情感纽带来维持，情感的变动所形成的关系具有不稳定性和盲目性。同辈群体的形成对外具有排外性，兴趣爱好相同的人组成群体就会与圈外人自动分离，这就容易使个体局限于狭小的区域，不利于大学生的角色认知，从而淡化大学生的角色意识。

2.存在盲目追随心理

大学生群体内会出现顺应性特点，因为同辈群体内部具有较强的约束力，每个群体内部都存在一些不成文的规定，一旦有成员违背了这些规范就会受到群体内部成员的惩罚，进而被群体抛弃。学生个体之所以会选择加入同辈群体就是为了寻求心灵上的慰藉，如果遭到群体成员的抛弃，对他们的身心来说都是很大的打击。所以，群体内的成员会选择顺应群体意识，避免被惩罚、被抛弃。对此，对于正向积极的大学生群体需要鼓励，对于存在消极因素的大学生群体需要及时沟通交流，加以正确引导。如果一个宿舍内部大部分人是爱学习的，则群体内部的其他成员在不知不觉中也会向这个方向靠拢，这就是我们在各类媒体平台上所熟知的"考研宿舍"，宿舍中的六位同学都考上了名校，如果宿舍内部的整体氛围是趋向于混日子，打游戏，那么舍友会在潜移默化中有堕落、颓废的倾向。显而易见，大学生群体内部的正向引导不容忽视。

3.存在攀比心理

新媒体时代，大学生群体内会滋生一些负面思想。在不知不觉中，个体的思想很容易受周围人的影响，进而产生趋同模式，很多青年学生难以抵挡身边的各种诱惑，崇尚物质攀比，处处宣扬资本主义的价值观，盲目追求个人主义、自由主义，盲目攀比追求电脑、手机、衣服等高档奢侈消费品，加之各种校园网络贷款的兴起，分期付款、网上贷款逐步走进大学生的视野，欲望的膨胀让很多的学生走上了一条不归路，高额的贷款压力导致部分缺乏理智和承受能力的大学生走上了自杀的道路。这种盲目的攀比心理在某种程度上干扰了大学生的正常学习生活，同时也给青年学生的心灵带来不可估量的创伤。

4.压力难以调试

由高中步入大学的学生正在逐步走向成年的阶段，人格心智在磨炼的过程中正在逐步成熟，高中阶段的学习生活都是由老师规划，在老师的高压强制下完成的，大学的学习生活则截然相反，自由宽松的学习生活使得刚进大学的学生难以适应，大学生普遍缺乏自我管理、自我规划的意识。大学的学习生活更多地需要学生自己来调节、适应，辅导员和教师只是起引导、指导的作用。现在的高校大学生独生子女居多，其生活环境相对安逸，父母亲戚宠爱较多，在父母的宠溺下，生活中没有接触过过多的挫折，因此他们的心理承受能力有限，对于平时生活、学习中遇到的挫折，难以正确的处理，容易采取极端的解决方式。

5.心理健康教育缺失

开展心理健康教育是教师群体义不容辞的责任。在高校日常教育管理工作中扮演着重要的角色。大学生学习生活中所遇到的问题和心理健康不无关系，心理健康与否直接关系着学生的抗压能力大小。拥有良好的心理健康教育能够增强学生的自我调节能力，帮助其解决生活中遇到的难题。然而，近年来，高校内的心理健康咨询中心形同虚设，其中的心理咨询师大多是兼职人员，缺乏专业的心理咨询相关知识。新媒体时代的心理健康教育显得尤为重要，媒介素养的缺失使得大学生无法理智的辨别信息真假，心理健康教育在高校教育中的缺位现象应该引起相关部门的重视。

二、新媒体视野下高校思想政治教育环境优化对策

（一）严格把关，优化社会环境

网络世界具有信息传播的自由性，但是，根据马克思唯物辩证法理论，自由是相对，不是无任何约束的绝对自由。网络信息安全工作已经上升到国家战略地位，无规矩不成方圆，现代社会法律与科学技术正上演着现实版龟兔赛跑，科学技术的进步已经远远超过法律的发展速度。

1.完善媒体的立法与监管

首先，完善立法监督机制。微信、微博等网络平台的监管法方面还存在严重的空缺，这类软件出现安全事故相关责任如何划分？发布前是否应该有全方位评估系统衡量其利弊？目前的法律规范在这些方面还处于盲区。相关立法、执法部门应该尽快完善互联网相关法律，根据实践经验的积累制定、完善有关法规、法条的同时加强对网络实名制的落实，高校积极制定符合自身实际的校园局域网管理办法，加强校园网络安全意识，积极采取有效行动，对于不良信息要及时制止，严惩破坏网络秩序的不法分子。

其次，完善权责管理机制。小到校园内部各个行政系统，大到国家各个职能部门都要设立权责明确地法律管理制度，网络系统的法律责任更应该责任到人，高校内部应实行网络管理到岗服务制度，与个人业绩挂钩，建立领导负责制，设立相关有效的工作评估指标体系。在媒体终端发布教育内容时，拟稿、审核、后期维护等环节都要确保有专人专项负责，教师和后勤等学校工作人员要积极参与到网络管理的活动中，发挥自己的微薄之力，积极互通消息，防患未然，力争实现全员参与，全员管理。高校与社会要形成强大合力，积极适应新媒体时代的发展，在更新媒体设施的基础上提高安全防护能力与技术，主动晒出不良信息，防止高校内网络失范行为的发生。

最后，借鉴国外网络立法，完善本国法律。现代网络技术发展迅速，新兴技术和智能软件层出不穷，发达国家一般通过制定内容审查制、分级制、网络注册制来规范网络传播的行为，我国网络立法的发展还不成熟，在制定过程中，应该结合我国具体实情，参考借鉴国外相关网络法律法规，取长补短。

2.建设网络舆情的监控机制

第一，运营商自主监管。各类应用软件应积极配合国家网络安全监督工

作，对于本平台内出现的反动信息、敏感文字及时予以屏蔽，在源头上加强技术控制，对于出现的违反网络秩序的行为进行拍照存档，实名追踪，移交公安部门处理。设立完善的注册审查制度及信息反馈制度。运营商主要以营利为目的，期望运营商投入资金进行监管不切实际，高校可以与运营商之间建立信息沟通机制，定期反馈大学生使用过程中遇到的切身问题或者特殊需求，沟通交流，深度合作，提高网络监管水平。

第二，设立高校舆情监管和研判团队。确保网络媒体的安全是一项长期而又艰巨的工作，网络平台是否安全关系到整个社会的稳定与发展。这就需要我们建立一支专业的舆论监控团队，高校积极建立一支由领导牵头、包括技术部门、辅导员、团委、学生会、班干部为一体的监管研判团队，统筹规划，严明纪律，完善组织，建立网络舆情的监管阵地，通过研判团队的设立保障网络思想政治教育工作能够顺利开展。针对谣言等不实言论，高校要在官方平台要及时发布权威言论，还原真相，维护网络传播秩序，同时，各大媒体在宣传报道中应多多传递社会正能量，在积极引导中把控网络舆论走势。例如，青岛民办高校青岛滨海学院通过制定《青岛滨海学院新媒体管理办法（试行）》，进一步规范青岛滨海学院各单位、各二级学院新媒体建设管理，推进青岛滨海学院网络文化健康有序发展；持续运营搜狐、今日头条等媒体平台，讲好滨海故事、传播滨海声音；根据青岛滨海学院新媒体宣传要求，对二级学院和部门宣传工作进行归口管理。改变考核标准，根据新媒体宣传品的质量和制作难度，科学确定各二级单位推送数量，确保宣传品制作质量；采取新媒体宣传审核制度，对所有宣传品推送，先归口审核，再确定发表平台。从质量、审核和发表渠道、发表时段多个环节层次，保证了新媒体宣传宣传效果，减少宣传潜在风险积极做好舆情监控工作，对潜在的负面舆情信息早发现早处理，防患危机于未然。同时根据青岛滨海学院要求和媒体发展趋势，将原手机报、微信微博、电视台、内外网站与对外宣传等媒介，在人员、资源、体系上已经完成重组与融合，构建起新的青岛滨海学院融媒体体系，制定了新的融媒体建设制度，形成了方向确定、行动统一、各尽所能、互相补位、资源共享、效能提升的局面。

3. 充分发挥网络平台的作用

第一，提高网民网络道德意识。网络世界具有开放性和隐秘性，网络空间是由现实的人所组成的，文明上网需要一定的道德规范和原则，提高全民网络道德素质势在必行。学术界把网络原则凝练为"公正、无害、尊重和允许原则"，网络主体之间的地位是平等的，其公平公正的享有权利和义务，在享受应得权益的同时也必须承担相应的责任。网民之间应该互相尊重，当其自身行为、言论涉及他人利益时必须得到他人同意，明礼诚信，文明上网，遵守网络中的底线原则，不妨害公众利益。

第二，加强新媒体工具的使用。思想政治教育的载体在教育活动中起着桥梁的重要作用，成为教育主体和教育客体相互交流的工具。由于新媒体具有信息丰富、传播速度快、信息获取方便等优势，高校可以积极探索在媒体的终端开展思想政治教育，注册微信公众号、微博、贴吧等账号，定期发布教育信息。文章内容的发布要有明确地观点立场，注重引导学生的思维和观点。相关工作人员要积极关注学生的思想动态，对于问题学生及时疏导，耐心帮助其树立正确的价值观。对于新媒体教具的使用要掌握正确的方法，PPT的设置要做到趣味性与知识性的融合，突出重点，而不是整页整页的呈现文字信息，切忌让学生产生反感心里。教育者要善于分析学生遇到的问题，及时纠正学生错误的思想观点，建立和谐的网络师生关系，这样才能更好地传递思想政治的教育内容。

第三，重视主题网站的建设。优化网络环境离不开正能量的主题网站，这就需要我们抓住时间与机遇，合理利用好网络新媒体平台。主题网站的建设应该弘扬社会主义核心价值观，把富含理论性、思想性的前沿观点作为网站建设的主要内容，把学生们感兴趣的内容加进去，加强先进人物事迹的宣传，寻找学生身边的典型事例宣传教育，树立榜样，开展互动讨论交流。要安排专门的工作人员关注主题网站的运行，加强对主题网站运行的日常化管理，及时清理敏感言论，与问题学生重点对话交流，在疏导的同时引导其树立正确的观念。主题网站可以与各类APP建立分享平台，通过转发、分享功能，让更多的学生了解，关注主题网站。

（二）多方互动，打造"微校园"

1. 优化高校校园文化环境

可以利用校园环境中随处可见的思想政治教育介体，例如，宣传栏、展报区、楼梯间标语等直观的文字标语信息，在潜移默化中引导学生树立正确的价值观、人生观。经常性、持续性的开展丰富多彩的线上线下文化宣传活动，优化校风学风，从而使得大学生的认知能力、认知水平发生量变到质变的提升和转变。同时，逐步发挥校园环境在社会生活中的引领示范作用。社会环境在影响校园环境的同时也受到校园环境的影响，良好高校环境内所具有的人文精神可以对周围社会环境起到典型示范的作用，调节社会风气。社会人总是倾向于传颂、模仿典型先进事例，以此作为自己行为规范的标准，校园内部的好人好事会影响社会人模仿、学习，带动社会风气的好转。

2. 加强思想政治队伍建设

（1）传播主流声音，牢牢把握话语权、主动权

思想政治教育的教学内容不免有些枯燥、无味，但是却是每个大学生必修的一门课程，在传统的教学活动中要结合新媒体的使用，激发学生学习兴趣，取长补短，优势互补，使得显性教育和隐形教育相结合，在更广泛的领域内开展教育，进一步拓宽教育的空间和路径。现在大学生起床第一件事是看手机，睡前也要看手机，空闲时间刷微博和微信、刷朋友圈等活动已经成为大学生的日常必备事项，对于网络媒体中鱼龙混杂的内容，教育主体或者相关部门想要阻止信息的传播扩散、被动放弃对教育客体的引导是行不通的。对此应掌握主动权，在各类网站平台上旗帜鲜明宣传社会主义核心价值观，弘扬主旋律，对于新出现的热点舆论、观点思潮，要主动发声，主动出击，率先有效的传播主流声音，掌握舆论主动权。

（2）占领宣传制高点，掌握主导权

传统课堂教学虽然是一种重要的、稳定的教育手段，但是形式单一，新颖性缺乏。较之于其他教育手段，微媒体具有成本低、实用性强、传播速度快、吸引力大等优势。微媒体教学一改传统填鸭式的教学方式，通过音频、视频、图画等鲜活的动态形式激发学生的感官刺激，激发学习兴趣，成为传统课堂教育之外的另一个不可或缺的教育平台和教育载体。教师在授课语言上应做到严谨而不失活泼，敏感言论慎用，结合中华民族优秀传统文化旗帜鲜明的在学生中进行思想教育，有效的发挥文化育人的功能。教师在教研中也要加强对最新理论的学习，多邀请理论水平高的名师来校开展讲座。课堂设置中要开展小组讨论，发挥学生自主性，把最新理论穿插进课堂，结合中国的实际多角度分析理论知识，结合社会热点和实际形势认真备课，实时更新教学内容，尽量做到多角度、多视野的讲解社会问题。

（3）注重教育对象的特殊性

传统的思想政治教育受到各种综合因素的影响和制约，在实际操作中教育的时效性难以充分实现，同时，思想政治教育的育人效果也未能充分发挥。各种电子产品尤其是智能手机以及平板的发展大大加快了信息的传播速度。智能手机已经成为每个大学生的必备电子产品，手机内部各种应用软件的更新不断满足了大学生的个性化需求。对于实时热点新闻，大学生可以自由的表达自己的看法和观点，一些功能兴趣群也激发了网民的主动性，积极性，群内开展的一些探讨和交流，丰富了受众者的思维，同一兴趣群内的成员可以在讨论中学习，在学习中交流。

思想政治的教育内容应注重阶级性与大众性的结合。思想政治教育有其

内在的阶级立场和阶级观点,但是,思想政治教育活动的开展不能和特定的社会实践相脱节。大学生是社会的主要群体,具有大众性和广泛性,对此教育活动要讲究社会性和群众性。结合供给侧改革的思路,注重了解大学生的需求,使思想政治教育的内容与学生的要求相适应。忽视教育内容的大众性,过分强调思想政治教育的政治性难免起到反作用。教育内容不能仅仅局限于理论知识,大学生心理健康、道德素质、人格等方面的教育也是不容忽视的。课堂授课话语体系应多借鉴参考习近平总书记的"文风""话风",多讲实话、真话、家常话,少一些空话、套话、门外话,积极融入中国传统文化的思想精髓,同时也要紧跟时代,灵活运用"微时代"的"微话语",消除学生对教师由来已久的"刻板"印象,在课堂中,教师要用真情把教育内容讲活,在此基础上进一步推进社会主义核心价值观入耳、入心、入脑。

（三）弘扬正气,优化大学生群体的交往环境

新媒体时代促进了信息与文化的交流与融合,思想文化的多元化更多的是让个体感觉到茫然与不知所措。在调查中发现,大学生遇到困难大多向朋友求助,对此,要优化大学生群体环境,弘扬正气,因材施教,给予正确的导向。

1.增强价值判断能力,开展心灵养护工程

第一,增强价值判断能力。价值即事物对主体的有用性,价值判断即主体在对客体本质认识的基础上,基于自身需要对客体的价值关系所进行的评价。大学生应积极利用课堂所学知识和方法,自主分析问题,培养敏锐的思辨能力。学习生活中要试着发挥自身主动性和创造性,不断强化道德意识,用理论和道德武装自己,通过点点滴滴的小事提高自身道德文化水平,在实践中检验自己,不断纠错,积极思考,对于社会上的案例正确地看待,多多关注我党最新的方针政策,确立鲜明的价值立场,只有这样才能把道德标准内化为理想信念,外化为正义的行动,逐步让自身行为与社会规范相适应。

第二,开展心灵养护工程。大学生的年龄通常处于17岁至25岁之间,其心理生理方面都处于过渡阶段,情绪波动很大,心智不成熟,自我意识很强,但是自身能力欠缺,求知欲望强烈但是受挫能力较差,对此,学校和社会应该多多组织多维度、立体化的适应学生身心发展规律的心理健康教育。心理健康教育要基于传统教育模式,如心理咨询室、心理电影欣赏和心理教育课程等,开展全方位、全过程的渗透式教育。以学校分管领导为统帅,以专业的大学生心理健康教师为骨干,以辅导员为载体,以大学生心理委员为朋辈助理,以积极向上的校园文化和社会环境为正能量氛围,由此形成一个

大学生积极心理健康教育的互动多维的交叉立体网络。学校应开设心理健康课程教育，类似选课不能仅仅流于形式，必须定期解决大学生的心理问题，真正做到心理疏导，让大学生健康成长。

例如，青岛民办高校青岛滨海学院心理健康辅导中心积极开展心理健康内外网站的维护和更新工作，加强了 QQ 空间、微信公众号等网络新媒体在心理健康教育工作中的应用，利用新媒体技术加强对学生心理动态舆情监测机制，坚持以半个月为周期，对全校学生进行心理动态调查工作，全面了解全校各学院学生心理总体情况。新媒体工具的使用，不仅扩展了心理健康教育知识宣传的受众范围和影响力，传递了心理健康教育正能量，而且实现了全方位、多角度与学生进行互动，实时了解和解答学生心理困惑，开启了青岛滨海学院心理健康教育新模式探索。

2. 抓住舆论热点，确立优势意见

大学生群体环境是大学生成长过程中的重要环境，同辈间的感染力超过教师和家长，同辈之间所形成的舆论更容易得到群体成员的呼应。

第一，创造优势意见。社会和高校应有意识的创造一种公众认同、引人关注的优势意见，正确引导舆论的发展方向，第一时间正面回应突发事件。运用大学生喜闻乐见的形式创造出正向优势意见后，并及时在校园广播、微信公众号等平台表达出这个观点，辅导员、思想政治教育者同时在课堂或者班级 QQ 群内传达类似意见，校园贴吧管理人员同步发表这个意见，通过各种渠道，各个节点的相互配合、相互呼应，就会在大学生群体中形成期望的优势意见，更好地引导舆论的走向。

第二，培育意见领袖。沉默的螺旋理论指出大众媒体的信息经过广泛传播后会在全社会范围内形成"意见气候"，当个体发觉自己的观点是多数派时，会比较愿意表达出来，当觉得自己的观点属于少数派时，倾向于隐藏自身观点。同辈群体中核心人物的言行举止会影响到整个群体。意见领袖一般具有良好的人际关系和公信力，教育者要注重培育高素质的意见领袖，发挥其榜样作用，树立典型，发挥其在论坛、微信、QQ 等平台的影响力和号召力，通过意见领袖宣扬正向的意见观点引领意见气候，达到沉默螺旋的效果。

3. 提高大学生群体的网络媒介素养

媒介素养是指受众群体对媒体信息进行分析与辨别时所体现出来的能力。网络时代的信息量巨大，正向积极的信息与负面消极的信息同时存在，鱼龙混杂，大学生由于自身阅历浅、还未完全进入社会、很容易受到消极负面信息的干扰，从而做出一些不理智的行为，现在的大学生群体急需掌握辨别网络信息真伪的基本能力。大学生群体易产生跟风行为，这就需要大学生具备理性的信息甄别能力，在信息筛选、排除的过程中要理性的作出判断，过滤掉对自身无用的信息。

第一，要理性对待各类媒体平台。大学生对于新奇的 APP 应保持理性的头脑，正确使用使其变成自己的贴身管家，对于网络贷款软件要树立正确的消费观，不盲从、不攀比，在理性了解自身需求的前提下适度接触新兴软件，学会管理、控制、调节自己的行为。

第二，强化大学生的信息素养。信息素养包括两方面，一方面是个体在网络中如何利用信息及其表现出来的能力大小；另一方面是个体对信息所持的心理状态。大学生潜意识里乐于探索和追求新奇信息，为此应该积极面对网络所带来的挑战，强化信息意识，有选择的获取、领悟信息，正确表达个人看法。树立自我发展的意识，要理性的认识各类媒介，使其为我所用，全面了解相关 APP 的优势和劣势，取其精华去其糟粕，掌握新媒体的基本使用方法，利用网络信息资源和各类交流平台汲取知识，发展自我，使新媒体逐步成为帮助个体发展进步的助推器。

第五章 新媒体与思想政治教育实效性的相关理论概述

第一节 新媒体时代思想政治教育实效性的科学内涵

一、思想政治教育实效性的内涵

实效性代表的是实际效用，是指一件事情在实践后的结果对既定目标有效价值。因此，实效性的高低强弱关键在于结果与目标的相似程度，结果与目标吻合甚至有所超越可称为实效性高或实效性强；结果与目标有差距，未达到理想状态则成为实效性低或实效性弱。

思想政治教育是指针对目标有组织、有计划地灌输一些积极正确的特定思想观念和道德规范给受教育者，使得其在日后的社会活动中行为举止和思想意识文明先进，符合社会要求。大学生思想政治教育是指高校依照党的教育理念以及培养方案，有组织、有计划地进行教育，最终塑造大学生合格的政治观念、思想品德和心理素质等，确保大学生在日后的学习、生活和工作中符合社会要求标准。思想政治教育本质上属于教育的一种，因此具有"教育四因素"，即主体、客体、环体和介体。

大学生思想政治教育实效性是指：高校依照党的教育理念以及培养方案，有组织、有计划地进行教育，最终塑造大学生合格的政治观念、思想品德和心理素质等，确保大学生在日后的学习、生活和工作中符合社会要求标准，教育的结果与目标相比所达到有效的程度即大学生思想政治教育实效性。思想政治教育的有效包括要素的有效性、过程的有效性和结果的有效性，缺失了任何一方面思想政治教育的有效都不算是完整的。

二、新媒体时代思想政治教育实效性的内涵

现今，"新媒体"成为一种潮流、一种趋势。大学生思想政治教育想要

在实效性方面有所提升，必须与新媒体紧密结合。而以新媒体为基础的大学生思想政治教育实效性一般是指，新媒体时代，高等院校在进行思想政治教育工作时，借助新媒体技术、平台和资源，所产生的结果与目标相比，所达到的真实有效的程度。新媒体在思想政治教育活动中的参与，是形式的改变，采用新媒体相关的现代技术替换传统的授课形式；也是引导方式的添加，新媒体的直观性、多样性和灵活性可以更便捷的引导并塑造大学生积极、正确的人生观、价值观和道德标准，进而在日后的学习、生活以及工作中贯彻落实。

以新媒体为基础的大学生思想政治教育实效性一般指新媒体背景下思想政治教育者把社会上对大学生的要求划归到培养方案中，把新媒体技术和思想政治教育工作相结合，产生的有效程度。它的主体是教育者，客体是思想政治教育，对象是大学生，载体是新媒体。新媒体时代思想政治教育的实效性包含的两层意思：一是从结果这一层面上讲，指人们对新媒体时代下思想政治教育这一实效性的结果的衡量和评判。二是从目的的角度来考虑，也就是说新媒体时代思想政治教育能否满足人们的某种既定需要或满足社会某种需要。

三、新媒体时代思想政治教育实效性的评价标准

新媒体时代对思想政治教育实效性的评价，本质上是对思想教育结果的验收。因此，评价标准应该为：新媒体时代接受思想政治教育的大学生的政治观念、思想品德和心理素质等是否符合教育标准，在接受完思想政治教育后的学习、生活以及参加工作后能否将思想政治教育内容外化为行动，起到应有的积极作用。

第一，大学生思想政治教育实效性是否实现，要看其具体内容在实际问题中的运用情况。思想政治教育的目的是培养人朝着更好的方向发展，在培养人的同时也要关心人、帮助人。思想政治教育工作与个人与国家都有着密不可分的联系，这就要求必须要把思想政治教育工作做得更实更好，从学生出发，切实关注学生的真正需求；

第二，思想政治教育中，内容所产生的吸引力和感染力对实效性有较强的影响作用。"兴趣是激励学习的最佳动力"，在思想政治教学内容中，吸引力可以调动大学生的积极主动性，促进其主动地学习、接受和运用。因此增强大学生思想政治教育的实效性，可以从教育内容入手，但是增强内容的吸引力和感染力也并非一件易事，它不仅需要调动大学生的积极性，教育的方式、方法同样需要注意。将新媒体的方式、方法运用于思想政治教育工作中，旨在提高教育内容的可接受性。思想政治教育应该以动之以情，晓之以理的

方式进行教育，让大学生可以产生情感共鸣。如此一来实效性自然得到提高。

第二节 新媒体时代思想政治教育实效性的理论基础

一、传播学相关理论

20 世纪 20 年代，西方传播研究开始盛兴，并于 40 年代左右形成系统的学科，随后在历经数次科技革命后，学科的研究方法、研究学说开始日趋科学化、多样化。文中旨在对与本研究相关的理论进行研究，且主要基础理论源自受众理论、传播效果理论等。

（一）传播受众理论

接收信息的一方即受众，简单来说就是"各形各色传播方式中接受信息的一方，可以是读者，亦可以是听众等相关主体的总称。"信息的传播传到受众这一传播过程就已经完成了，而对传播效果好坏与否的评价则主要取决于受众对信息接受的情况，由此可以看出，在传播活动中，受众扮演着极其重要的角色，是传播活动成功与否不容忽视的重要组成部分。鉴于此，作为传播学基础理论之一的受众理论已受到众多专家、学者的极大关注。在西方受众理论中囊括诸多论述，如个人差异论、社会范畴论以及文化规范论等。

个人差异论从字面意义便很好理解，即该理论表示，各个体的不同，其在生理、心理、价值取向等各个方面均存有不同程度地差异。受个体差异的影响，即便面对同样的信息其认知和理解也会呈现出不尽相同的效果，即"仁者见仁，智者见智"。社会范畴论则是对影响社会群体结合一定的因素予以划分，可根据年龄、性别或文化程度等划分，并认为处于同一群体的主体因其心理、价值观念等具有一定的趋同性，使其对问题的观点、看法有着一致性。社会关系论即社会群体关系在传播活动中的作用，任何信息都要经过审查和过滤，从而使受众接收的信息是处于社会关系中的这一群人所需的。满足理论的出发点是受众为满足自身需求而对媒介的运用，以此为视角对媒介和受众两者关系的探寻，并表示在媒体的选择和运用上，受众应始终围绕自身需求，以此实现对需求的满足。社会参与理论给出的解释则是大众传播媒体应是开放性的，是可供社会主体自由交流、活动的场所，并非他人伺机利用的传声筒；广大民众均享有参与和使用的权利，其既可以是信息的受众一方，又可以是信息的传播一方。

（二）传播效果理论

西方传播学效果理论始终和上述众多理论相伴相随，并在彼此相互影响下不断发展。在大众普遍表示受众为被动"靶子"时，大众传播效果理论便视为"魔弹论"；而当大众经由更深层次的探寻后获知受众由于各个因素的影响会呈现出不同的传播效果时，进而因此衍生出不同的传播效果理论，如有限效果论、适度效果论等。无论是哪种理论，均充分证实了一个观点，即受众的各个方面因素都会对传播效果的造成影响，传播效果的好坏受到多方面、综合因素的影响，更为新时期大学生政治教育开辟了全新的研究道路。

其一，两级传播和意见领袖理论。这一理论首次出现在传播学者Lazarsfeld（美国）等人著作《人民的选择》（1944）当中。这一理论指出，信息并非都是由传播者到普通受众，有些信息会先到达受众中的一部分人身边，而这一部分人具有共同的特性，即对信息较为敏感，进而通过这部分人将所接收到的信息向周边人进行传递。换而言之，信息传播先是经由意见领袖进行再流向传递给所有受众的，即"大众传播→意见领袖→普通受众"。由于意见领袖的思想更为活跃，且对信息有着较强的敏感和认知，所以受众群众往往对其传递的信息相当认可。受这一因素影响，当信息通过意见领袖的传播时，其说服力更强，内容更易于被普通受众接受，且影响力相对较大。即便部分普通受众直接接收到信息，但其仍会依赖这些意见领袖，根据他们对信息的反应去作出反应。有时候由于意见领袖受自身主观情绪的影响，一些信息从他们到受众这过一程中已经发生变化，而绝大多数普通受众对信息的反应和判断主要以"意见领袖"解读后的信息为依据。

其二，议程设置理论。唐纳德·肖和麦克斯威尔·麦科姆斯花共同发表的《大众传播的议程设置功能》论述中对这一理论基本思想给予了明确地阐释，表示在一事件或意见的认定中，大众传播并非代表全部人们的观点，而是借助所提供的信息或议题对人们关注的事物、意见等给予一定的影响。换而言之，就是大众传媒的报道与公众就一件事态的关注度两者间存有极其密切的关联，公众关注度较高的事件往往也是大众传媒报道最深刻、最频繁的事件。虽然大众传媒无法左右人们想些什么，但却可以对其想些什么产生一定影响。

其三，沉默螺旋理论。著名社会学家诺依曼（德国）首次提及这一理论学说，通过研究表明，在选择时，大部分人存在一个共性，即趋同性，一旦自身的意见与团队发生分歧时，会油然而生一种脱离感、恐怖感，致使被迫放弃己见。进而传播过程呈现出优势意见与"沉默"扩散螺旋状，一方越是沉默，另一方的优势就愈发凸显。依此形式，不断循环，最终形成一方疾呼越来越大，另一方愈发沉默的螺旋式过程。

二、思想政治教育接受理论

对于思想政治教育研究来说，思想政治教育接受理论无疑是其重要的研究课题之一，以西方解释学的理解理论、传播学的受众理论等众多理论为切入点，实现思想政治教育与接受理论的有效融合而形成的全新理论形式。王敏表示，思想政治教育接受活动为一种客观存在，"是思想政治教育接受主体以及客体两者相互关系的表现，产生于思想政治教育范畴之内的接受活动，以接受主体需求为首要，基于一系列因素的作用和影响下对接受客体的一系列影响活动，包括整合、选择、内化、外化等。"但与其他理论的区别在于，这一理论是从思想政治教育活动的另一个主体，即受教育者为切入点，对这一主体在教育活动中就各类信息接受期间各个层面的研究。

就思想政治教育接受机制而言，标准不同，其具体划分也会不尽相同。由横向来分析，主要可以细分为两个方面，一是社会机制，二是个体机制。前者主要以社会环境因素为出发点，对思想政治教育接受活动形成的影响加以权衡。在社会机制的研究过程中，学者侧重更多的影响因素包括价值观念、他人与社会评价等；再从纵向来分析，接受机制则可以细分为三类，包括心理机制、目标机制和动力机制。心理机制即受众在接受期间由其认知、情感等心理不同对接受形成的影响。目标机制主要由内在目标体系、外在目标体系构成，其中以世界观、人生观、价值观为重要核心。动力机制涵盖外在被动力、内在主动力，前者主要以社会需求为内核，后者则是视自身需求为内核，除上述两者外，还有合动力。

从本质上来看，思想政治教育传播工作的初始点，亦是信息传播受众的最终落脚点是大学生。可以肯定的是，大学生接受程度如何将对思想政治教育传播的效果具有决定性影响。以大学生这一重要接受主体为切入点，就思想政治教育活动有效性加以研究和探寻正是基于接受理论的基础上所开展的，与本文研究观点一致，接受理论是本文研究理论的重要前提。

第三节 大学生思想政治教育实效性的有机构成

一、科学划分思想政治教育过程是实效性研究的重要前提

思想政治教育过程是教育者根据一定社会的思想品德要求和受教育者思想品德形成发展的规律，对受教育者施加有目的、有计划、有组织的教育影

响，促使受教育者产生内在的思想矛盾运动，以形成一定社会所期望的思想品德的过程。在现有思想政治教育原理中主要描述的是思想政治教育过程中传导与接受环节，但却忽视了思想政治教育的内容构建环节。这对于思想政治教育实效性研究而言，显得较为片面，对思想政治教育过程的复杂性缺乏全面认识。

列宁指出："如果我们不把不间断的东西割断，不使活生生的东西简单化、粗陋化，不加以划分，不使之僵化，那么就不能想象、表达、测量、描述运动，而思想对运动的描述，就总是显得粗陋化、僵化。"实效性研究的目的是发现在思想政治教育过程中存在的问题、分析原因、提出对策，思想政治教育作为一项复杂的意识形态传导实践过程，存在不同的实践环节。为此，科学划分思想政治教育过程是科学探索思想政治教育实效性的重要前提。

第一，从静态视角而言，大学生思想政治教育实效性就是教育要素的实效性。由于思想政治教育实效性的实现过程极为复杂，教育要素存在于不同的实践环节中，只有按照思想政治教育各环节的教育要素及特点，将复杂过程进行分解，才可以切实了解思想政治教育过程各个环节及其教育要素的实效性。因此，在思想政治教育的不同环节中分别探讨内容、方法、环境与接受主体等教育要素的实效性。

第二，从动态视角而言，每一种教育要素在思想政治教育过程不同环节中对实效性实现的影响程度有所不同，这就要求把思想政治教育实效性的实现过程加以划分，探讨每一种教育要素在不同环节对实效性实现的不同程度地影响作用。就思想政治教育内容构建环节而言，教育内容是由不同的教育主体承担完成。目前我国高校思想政治教育内容可分为思想政治理论课教学内容与日常思想政治教育活动内容两部分，其中思想政治理论课内容构建是在国家层面组织相关教育者完成，而日常思想政治教育活动内容则是在高校层面组织相关教育者完成。于是教育内容构建是由不同层面的教育主体来主导完成的，不同环节中教育者承担的角色与作用也不同。就思想政治教育传导环节而言，一线思想政治教育工作者即为教育者、传导者，应因材施教地设计教育内容与方法，其内容构建具有反馈快、弹性大等特点，此时教育环境、教育方法与日常思想政治教育活动内容构建的关系更为紧密，影响着实效性的实现。因此，需要针对这两部分内容实效性分别进行研究，同时对构建这两部分内容的两类教育主体提出不同要求。

综上所述，科学划分思想政治教育过程，可以厘清不同教育要素在不同环节中对实效性的具体影响以及各环节实效性实现的具体脉络；同时，可以更科学地明晰思想政治教育过程中每个环节的参与者职责，详细探讨教育者与受教育者在不同环节的具体互动情况。有利于在实效性研究过程中发现问题、找出原因，从而提高各环节及整体实效性。

二、思想政治教育实效性是内容构建、传导与接受实效性的有机整合

（一）科学划分思想政治教育为内容构建、传导与接受三个环节

依照上述科学划分思想政治教育过程的实效性研究思路，思想政治教育可以描述为：在中国共产党领导下由各级组织相关部门、多个岗位人员，经过内容构建、传导及接受三个环节的实施与协调，共同完成的思想政治教育实践活动。每个环节的包括教育主体、客体、介体与环体等诸教育要素和完成每个环节具体目标的工作过程。因此，思想政治教育内容构建、传导及接受三个环节构成了系统的整体过程。

思想政治教育内容构建环节，是在党的领导下由两个层面的思想政治教育工作者（教育主体：国家层面的思想政治理论课程教材编制工作者与各级组织层面从事思想政治教育的工作者）构建以社会主义核心价值观为核心的主导意识形态教育内容的过程。在大学生思想政治教育的内容构建环节中，高校层面思想政治教育工作者（学生工作部门管理者、理论课教师、辅导员及班主任等）的角色具有双重性，既承担着思想政治教育的传导与组织管理等职责，又承担着大学生日常思想政治教育活动的内容设计中也担负着主要职责。

思想政治教育传导环节，是在党的领导下各级组织层面思想政治教育工作者（教育主体），在一定的环境条件下根据目标受众的认知特点，制订及使用一系列传导策略与方法，针对目标受众展开各类形式的传导活动，以期获得受众认同的活动过程。这里需要说明的是使用"传导"一词，有别于现有思想政治教育研究中常用的"传播"一词，原因在于"传导"的词义可表示具有主导性及引导性的传播，在思想政治教育中用"传导"代替"传播"，可以强调针对受众的目标性以及思想政治教育主导性与引导性功能。

思想政治教育接受环节，是思想政治教育的目标受众基于自身的价值需求，通过与思想政治教育传导者各种形式的互动，在一定内在因素与外部环境的作用下，对思想政治教育内容进行反应、选取与整合的内化活动和外化践行、反馈调整等连续性活动。

综上，研究把思想政治教育过程划分为内容构建、传导与接受三个环节，

探讨每个环节中各教育要素对实效性实现的影响作用以及三个环节间的相互关系，在三个环节实效性基础上对整体实效性进行研究探讨。正如恩格斯所言"必须先研究事物，然后才能研究过程"，从思想政治教育内容构建、传导与接受三环节分别来探讨思想政治教育实效性，可以在可操作性方面获得突破，摆脱理论与实践"两层皮"现象，更具有科学性和合理性。

（二）思想政治教育整体实效性是内容构建、传导与接受实效性的有机整合

思想政治教育内容构建环节的实效性是思想政治教育内容符合社会主义核心价值观为核心的主导意识形态、适应大学生的价值需求及认知特点的程度；思想政治教育传导环节实效性，是思想政治教育工作者通过各种媒介载体，运用科学方法将内容传导给大学生群体的有效程度；思想政治教育接受环节实效性，是指大学生对思想政治教育内容的接受程度。大学生思想政治教育整体实效性，就是内容构建环节实效性、传导环节实效性与接受环节实效性的有机整合，即：党和政府有关部门组织不同层面的人力物力，构建符合主导意识形态及大学生价值需求的教育内容，在一定环境条件下由教育者针对大学生进行科学的传导活动，经过教育者与教育对象在传导及接受环节中的持续双向互动，使得主导意识形态成为大学生群体的主流意识形态这一目标的实现程度。

关于大学生思想政治教育实效性含义的界定可以发现，每个环节不仅包含了思想政治教育诸要素，而且包括了各环节及其教育要素间相互作用的互动过程。可见，思想政治教育整体实效性的实现依赖于各环节中教育要素实效性的实现以及这三个环节实效性的有机整合。因此，本文对实效性含义的界定，把教育要素实效性、教育过程实效性与教育结果实效性进行有机结合并纳入一个整体性框架。即：在内容构建环节探讨教育主体所构建的内容实效性；在传导环节探讨教育主体及其传导方法的实效性；在接受环节探讨接受环境实效性与接受主体实效性。最后，从内容构建、传导（主体与方法）、接受（环境与接受主体）、整体过程四个维度，来研究思想政治教育整体实效性。

第四节 大学生思想政治教育实效性
评价原则、目标及标准

一、大学生思想政治教育实效性评价原则

（一）遵循科学性与可操作性相结合的原则

科学性原则就是在实效性的评价标准、评价内容上具有科学性。评价标准的制定需要科学地反应大学生思想政治教育的基本特征与规律，客观地反映大学生思想政治教育的现实状况；评价内容的选取需要具有合理性和可持续性，在思想政治理论课中注重理论知识的理解，在日常思想政治教育内容中注重实践能力与现实表现。可操作性就是评价方法简便易懂，评价指标清晰合理，易于实际操作。

（二）遵循定量与定性相结合的原则

思想政治教育实效性具有显性与隐性、直接与间接等特点，单纯采取定量或定性研究不足以全面反映大学生思想政治教育实效性。定量研究可以通过数据分析客观反映实效性的量化水平，从而可对不同研究对象进行比较，也可对未来发展趋势予以预测，更具有科学性；定性研究可以通过结构式与非结构式访谈，深入个案、寻找典型、总结规律，更具有针对性。定量与定性相结合，使得大学生思想政治教育评价更具全面性。

（三）遵循环节性与整体性相结合的原则

思想政治教育实效性评价的环节性原则是对大学生思想政治教育的内容构建、传导与接受环节实效性的分别评价，针对每个环节中思想政治教育的诸要素，设计合理的评价指标，评估其实效性实现程度。同时，因为各环节实效性具有紧密的相互作用关系，所以还必须把握整体性评价原则，在环节性评价的基础上进行整体综合评价，全面评价大学生思想政治教育实效性的整体状况。即实效性的环节性评价是整体性评价的基础，整体性评价是环节性评价的综合。

二、大学生思想政治教育实效性评价目标

确定大学生思想政治教育实效性评价目标，是构建实效性评价标准的前提。所谓评价，是评价主体对某一活动结果与目标的比较，也就是评估实现预期目标的程度。大学生思想政治教育实效性评价，是对大学生思想政治教育活动的实际效果与预期目标的比较，也就是评价大学生思想政治教育目标的实现程度。

大学生思想政治教育是意识形态教育，其目标是通过思想政治教育活动，使得坚持中国共产党领导、走中国特色社会主义道路的主导意识形态成为大学生群体的主流意识形态。也就是说，使得最广范围的大学生群体对我国政治体制产生最大限度地政治认同，这是大学生思想政治教育活动的总体价值取向与实践预期，也是大学生思想政治教育的总目标或最终目标。因此，大学生思想政治教育整体实效性的评价，就是评价这个总目标的实现程度。同时，必须强调的是，虽然思想政治教育的总目标是达到最广范围及最大限度地政治认同，内容构建、传导与接受这三个环节实效性也是为实现这个总目标服务，但每个环节实效性的具体目标并不相同，而是具有层次性与差异性的。比如内容构建方面，新媒体环境下网络思想政治教育活动的具体内容常常是由不同的教育主体来具体制定，其目标也各不相同。因此，需要根据内容构建、传导与接受环节的具体特点构建具体的评价标准。

三、大学生思想政治教育实效性评价标准

评价标准是评价主体根据评价目标对事物或活动是否具有价值和价值大小的判定依据，大学生思想政治教育实效性评价标准，是对思想政治教育过程与结果给出价值判断的依据，是衡量思想政治教育实效性的客观尺度。由于研究视角不同，学界关于实效性评价的标准无法统一。采用静态与动态视角相结合的方法，从内容构建、传导、接受、整体四个维度，构建新媒体环境下大学生思想政治教育实效性的评价标准，并以此作为实证研究设计的依据。

（一）内容维度的实效性评价标准

以思想政治教育内容是否符合以社会主义核心价值观为核心的主导意识形态是否符合或满足大学生的价值需求与认知特点，作为衡量思想政治教育内容实效性的标准。其一，就目前大学生思想政治教育内容的构成而言，理论课内容是全国统编教材，符合主导意识形态的要求，而日常思想政治教育活动内容则是由各大高校自行设计，在是否符合社会主义核心价值观方面就

需要管理者进行严格把关。其二，关于思想政治教育内容是否符合或满足大学生的价值需求与认知特点，是以大学生对理论课教材与教学内容、日常思想政治教育活动内容包括网络思想政治教育内容的满意度或认同度作为评价标准。

（二）传导维度的实效性评价标准

借鉴传播学关于传播效果的评价标准并结合新媒体传播特点，研究以传导方法应用新媒体的程度、吸引大学生互动的参与程度、对大学生价值观塑造的影响程度，作为评价思想政治教育传导实效性的三个标准。具体而言，采用曝光率评价传导方法应用新媒体的程度，其中，理论课教学的曝光率是新媒体教学的使用频率，网络思想政治教育的曝光率则是针对学校、辅导员、班主任与理论课教师等思想政治教育传导主体的微博、微信公众号的更新频率；参与度是指传导者与接受者通过新媒体进行互动交流的程度，其中网络思想政治教育的参与度是以大学生对学校有关思想政治教育或意识形态方面微博的转发频率、对学校时政微博的参与互动程度以及大学生与辅导员、班主任通过 QQ/ 微博 / 微信等新媒体互动频率来进行衡量；影响度是指传导者通过各种教育手段对大学生价值观塑造的影响程度，研究把网络思想政治教育领域里的话语权强弱程度也作为衡量影响度大小的一个评价标准。

（三）接受维度的实效性评价标准

接受环节实效性分为接受主体大学生的接受实效性与接受环境实效性。关于大学生的接受实效性评价，借鉴接受理论，以大学生对思想政治教育的认知、态度、行为作为评价大学生接受实效性的三个标准。认知评价以大学生的价值需求程度、政治认同度、对思想政治教育理论知识的掌握程度作为具体标准。政治认同度，是大学生对我国政治体制及对中国共产党领导的认同程度，是思想政治教育活动要实现的最主要目标。态度评价以大学生对思想政治教育新媒体应用的满意度作为评价标准。行为评价以大学生对思想政治教育理论知识的运用程度作为评价标准。关于接受环境实效性的评价标准，思想政治教育环境可视为宏观的社会大环境、中观的网络舆论环境以及微观的校园文化心理环境的总和，在新媒体环境下我们主要研究网络舆论环境对大学生思想政治教育的影响。因此，在实效性现状调查的定量研究中，以大学生对网络舆论环境的满意度作为接受环境的评价标准，同时结合定性研究，通过深度访谈来评价接受环境的实效性，以是否有利于思想政治教育的传导与接受作为评价标准。

（四）整体实效性评价标准

采取定量评价与定性评价相结合的方式。定量评价方面，内容构建、传导与接受三个环节实效性的有机整合结果即是思想政治教育的整体实效性。需要说明的是，这里的有机整合，在定量评价时没有针对内容构建、传导与接受三个环节的实效性设定权重，只采取了算术平均值来评价整体实效性。定性评价方面，根据大学生思想政治教育的总目标或最终目标主导意识形态成为大学生群体的主流意识形态，以大学生群体的政治认同度作为大学生思想政治教育整体实效性的评价标准。

第六章 新媒体时代大学生思想政治教育实效性研究

第一节 新媒体时代影响大学生思想政治教育实效性的原因

经由对思想政治教育学原理的分析和探寻可以得出，思想政治教育过程亦是教育者、受教育者以及内容、载体等各相关因素的有效交互过程。这些因素在思想政治教育过程中都有着重要的作用，大学生思想政治教育工作的顺利推进需要将上述因素予以有效协调，这一点尤为重要。新媒体时代，大学生思想政治教育的主客体、内容、载体和教育环境都不同程度地发生了改变。如今，我们应立足于各个要素，对其在大学生思想政治教育活动中有效性的影响加以充分、深入的探究。

一、教育者教育观念尚未转变

教师能够更好地引导大学生接受思想政治教育，是大学生思想政治教育实效性的主要决定性因素。教师是开展教学活动的主要实施和调控人员，而且对开展教育活动能够产生直接的影响。学生开展认识和实践活动都必须要通过教师指导才能达到预期效果，教师素养与教学效果有着密切的关系。新媒体时代，教师主动作用的发挥也受到了教师提出的教学理念、知识多少、思想道德和专业性的教学能力的影响。如果教师能够在教学过程中迎合时代发展要求，并调整他们的教学理念，同时从各个层面对自身能力进行提升，必然会让大学生的思想政治教育工作更加具有实效性。

（一）教育观念更新不及时

教育观念，形成于长期理性思维和教育实践中的教与学，是人们长期形成的一种固定思维，历史唯物主义的相关理念明确地告诉我们：社会意识对社会存在具有明显的反作用，社会存在决定社会意识。所以，教育观念的形成可以说是时代的产物，同时也是时代发展的必然。教育观念是教师组织教学和组织相关教育活动的思想基础，也必须保持和时代发展同步前进。新媒体时代的来临为大学生开展思想教育工作提供了全新的发展机遇。教育理念必须与时代同步发展，才能适应新形势下的思想政治教育工作。新媒体与大学生思想政治教育的融合本身也是时代发展的产物，同时也为大学生思想政治教育工作带来良好的发展机遇。新媒体观念的本意是运用新媒体技术作为促进传统产业变革的全新力量。所以，思想政治教育者不仅要了解新媒体，还要认可、重视新媒体。当前，很多思想政治教育工作者还没有形成这样的思维，对新媒体与高校思想政治教育的融合采取观望的态度，不愿意去深入的了解和探索。

在如今的时代背景下，思想政治教育活动开展必须和从前有所不同，教育者应该以分析新媒体的基本特点为出发点，不管是从方法还是最终的目标设置情况来看，都要以大学生的心理特征为出发点，并根据当前思想道德建设的实际水平，根据他们的实际需要，与他们身心发展的特点相结合。一部分思想政治教育者未能意识到这一点，依然忽视学生的主观能动性，增加了思想政治教育的难度。

（二）适应新媒体能力较弱

新媒体时代，大学生的成长环境、学习模式、思维形式都发生了巨大的变化。根据这些新变化，因时制宜，加强高校思想政治教育在方法、手段等方面的创新。但是，当前高校大部分思想政治教育工作者适应新媒体的能力较弱，运用新兴媒体教学能力不强，阻碍了新媒体时代思想政治教育功能的开发。

在思想观念上，部分教育者还是故步自封，认为新媒体会分散大学生的注意力，挑战他们的权威。因此在主观上不愿接受新媒体在教学过程中的运用，拉开了师生之间的距离。在教学实践上，很多教育者都并未受到过系统的培训，他们运用新媒体的能力确实弱一些。目前，除了少数电子、计算机院系及一些重点大学外，大多数高校思想政治理论课教师和辅导员在新媒体运用上水平普遍不高，一般仅停留在QQ群、微信等简单的基础性运用上，利用QQ群、微信通知事务是较为普遍的，应用深度不够、范围狭窄。同时，由于教育者年龄跨度较大，不同年龄层次的教育者适应新媒体的能力也有强有弱。在师资建设上，高校需要制定一体化培训体系，培养教育者的创新能力和运用新媒体的能力。然而，大多高校教育者都更重视专业知识的培养而忽视教学技能提升，缺乏对新兴教学手段和教学能力的培养。

二、受教育者综合能力参差不齐

（一）知识水平存在差异

"因材施教"是思想政治教育的重要教学原则，是指教师以学生的实际情况为出发点，通过对其学习情况，认知能力和自身情况等各方面的了解，然后再确定使用怎样的教学内容和教育方法。这一观点最早是由我国的大教育家孔子提出的，然后被后期的教育工作者不断传承，并且是受到过实践检验的教学原则。之所以明确地提出"因材施教"是其基本原则，主要是由于学生的知识水平和接受程度存在着较大的差异性，所以教育内容对不同的人产生的教学效果也必然会存在着较大差异。思想政治教育的根本目标就是要让学生全面领会和认同思想教育工作的基本内容，将其内化于心和外化于行，要符合时代的要求，形成正确的世界观、人生观、价值观。新媒体环境下，如果学生的理论知识扎实，他们就能够对教学内容有深入全面的理解，取得的教学效果自然比较好。反之，如果学生的知识水平偏低，则接受新知识的难度较大，所以开展教学难度也偏大。因此，在新媒体环境下想要更好地开展教育教学就需要认真分析和了解学生的实际情况，并且要结合学生的知识水平和实际情况提出可行的对策。

（二）媒介素养高低不一

媒介素养指的是"人们了解并且对媒介本质进行全新的认识，同时也能够在工作和生活中利用这些新媒体更好地为自己服务，对于网络中所提供的信息和相关内容进行判断和选择的能力"。现在，我们已经明确认识到，网络媒介素养直接决定了人们是否能够合理而有效地利用网络。新媒体环境下，大学生作为思想政治教育活动过程中的主要参与者，其网络媒介素质的高低也直接影响了网络为大学生服务的水平。新媒体时代，媒介素养的重要性是显而易见的。但不足的是，由于我国在网络素养教育方面明显缺乏，使得大学生的媒介素养水平明显不足，对网络媒体的相关基础知识缺乏了解，同时对如何更加准确的使用新媒体缺乏清楚的认识。目前，大学生还不能很好地利用网络媒介，也不能在网络环境下保护自我，大学生自发状态的网络素养很可能会让自己成为网络的奴隶而不是主人，甚至有的大学生因为缺乏控制能力，会受到网络世界中一些有害因素的影响。同时，网络媒介素养的缺失还可能会导致青少年沉溺在虚拟的网络世界，排斥与他人交流，影响正常的人际交往，致使其产生性格孤僻、意志消沉等突出的心理问题，这样一来，利用新媒体进行思想政治教育的目的根本不能达到。

三、教育内容脱离实际

（一）脱离大学生生活实际

知名教育学者陶行知先生曾经提出："教育要在生活的帮助下才能发挥其作用，也才能成为真正的教育"。假如在教育过程中，把思想政治教育的相关内容与日常生活联系起来，必然能够让学生的注意力和认同度得到提升，也能够取得良好的预期效果。新媒体可以帮助教师更好地将教育内容融入学生生活中，让学生在生活中感受、体会、获得知识。如今，网络已经成为人们日常生活中的一部分，思想政治教育内容的选择也不得不关注学生的日常生活。这就要求教师利用新媒体结合学生实际生活现状来合理对教学内容进行安排，利用网络了解学生在社会生活中的关注重点和兴趣点，然后有针对性开展教学活动。如果教师可以很好地利用网络平台来实现教育与学生生活的贴合，那么思想政治教育内容将不再会是枯燥空洞的内容，学生对其参与的热情和兴趣也将会随之提升。这将大大地提升新媒体环境下大学生思想政治参与的实效性。反之，如果教师继续坚持只注重书本不关注学生生活的这样一种理念，那么思想政治教育则可能成为学生思想教育中可有可无的工作。

（二）不符合身心发展特点

大学生作为思想政治教育过程中的主要参与者，新媒体时代，思想政治教育内容的选择不仅要贴近生活，更要符合大学生的身心发展，要选取和学生关系最密切的话题开展教学工作，这样思想政治教育的内容就更容易被大学生接受。现如今，在校大学生都是 90 后和 95 后，他们是新媒体环境下成长起来的一代，新媒体技术对他们的日常生活产生了深远影响。如果想要借助新媒体进行思想政治教育，那么选择的内容就必须既符合新媒体的特点也符合大学生的身心特点和成长要求。因此，在利用新媒体推进大学生思想政治教育时，选择的内容既要从大学生各方面的特点出发，符合其身心发展，也要"接地气"，符合其网络思维和网络习惯。

四、教育载体落后

（一）载体建设水平较低

思想政治教育载体是包括了思想政治教育内容和相关信息的桥梁，桥梁把思想政治教育者和受教育者联系起来。新媒体时代的到来，使得大学生思想政治教育的载体得到了丰富，慕课、微课等网络教育平台都可以作为对大学生开展思想政治教育工作的载体。新媒体时代，教育载体的建设水平将会直接对网络用户的参与感和体验感造成影响。现在，我国尽管已经在思想政治教育方面取得了一些成绩，但是也有很多地方需要改进。慕课等一些全新的教学模式还处于建设过程中，在网络教学平台建设方面还存在着一些问题，在技术设计层面还有较大的提升空间。在校园网、红色网站等网络思想政治教育和建设工作中，如今最大的问题就是建设水平较低，未能将其功能充分发挥。在内容建设和操作设计方面、还需要全面改进。另外，由于高校校园网络监管手段相对落后，系统管理和维护人员的总体水平不高，导致了校园网络在安全方面还存在很多隐患。新媒体时代，大学生思想政治教育又提出了全新的思路和手段，但网络载体未能充分发挥作用，除了在技术层面受到了限制之外，还和高校不够重视、投入不足等其他因素有关，这使得大学生的思想政治教育工作受到了阻碍。

（二）教育载体选择不当

在当前新媒体时代，思想政治教育的载体和教学方式变得更加丰富多样，甚至还打破了以往的教学模式，坚持以学生为中心的教学模式。但这对于学生自主学习的能力和网络素养也提出了更高的要求。如果学生缺乏网络媒介素养，面对这些思想政治教育的全新教育手段就可能会无从下手，产生烦躁情绪，不愿意接受全新的教学方式。同时，教育者如果限制学生网络行为的自由性，也会让学生的网络自由感消失，甚至有的学生还会产生抵抗的情绪。因此，在进行教育载体的选择过程中，不能盲目地进行选择，而是要结合学生自身的实际情况来选择教育载体，根据大学生的接受情况而定。教育者应该选择大学生感兴趣且实用的载体进行教学活动，不能只是关注教育载体和手段本身。在新媒体环境下开展思想教学活动，要在推进教学工作中保持艺术性，只是把传统的教育模式由"线下"直接搬迁到"线上"并不能算作对教育载体的有效运用。同时要进一步增强大学生的计算机应用技术，引导他们选择全新的思想政治教育手段，并充分利用。教育载体选择不当会严重影响到思想政治教育工作的成效。

五、教育环境复杂多变

（一）新媒体环境虚拟开放

不管是什么样的教学活动，都必须是在特定的环境下进行，教学活动无法脱离环境而存在。如今，随着新媒体时代的来临，新媒体对人们的思想和生活产生了深远影响，包括了人们的思维方式、生活方式、社会行为等各个方面，大学生作为随着网络成长起来的一代，更是深受其影响。新媒体的产生改变了大学生思想政治教育的环境，一方面，新媒体是大学生进行思想政治教育和情感体验的重要手段，所以对大学生的日常生活产生较大的影响；另一方面，因为新媒体空间从其本质上而言是一个未能得到全面监管的开放型空间，导致其也成为色情、暴力等不良信息滋生的土壤。事实上，新媒体的产生使世界文明成果得到了广泛的交流，并且帮助大学生拓宽了眼界，产生全新的教育空间。但是同时，我们也必须意识到，新媒体致使大学生的思想政治教育的环境变得更加复杂化。新媒体由于自身特性，不会受到时空的限制，这也直接导致其成为西方非马克思主义意识形态入侵其他国家思想意识形态的重要手段。一些西方国家企图通过网络把西方国家推崇的价值观念渗透到我们国家，把拜金主义和享乐主义的思想在我国进行传播，甚至还包括色情、暴力等方面的内容，这直接使得大学生的价值观受到影响。此外，还有一些学生过度的沉溺在网络世界中，也对其身心健康造成了很不好的影响。产生了较大的负面影响。同时还有同学把网络世界作为他们的精神寄托，长期沉溺在网络世界中，或打游戏，或闲聊解闷，或熬夜追剧，不愿面对现实中存在的问题，也不愿与他人正常交往，和其他同学进行正常的人际交往活动，这样就会使学生之间的关系变得冷漠，意志变得消沉。

（二）网络教育政策不完善

《国家中长期发展教育和基本规划纲要（2010—2020）》针对网络教学加快推动教育的信息化建设，同时把素质教育放在极其重要的位置。2012年，教育部又出台了《教育信息化十年发展和规划纲要（2010—2020）》，发展目标是将信息技术和教育技术相互融合，使其现代信息技术质量显著提高。在外部环境下，学生的自主学习能力明显得到增强，教育教学创新和各项工作都取得了较大发展，使得信息化对教育改革的重要功能得到全面体现。随着新媒体时代的到来，我国高校在新媒体环境下教育教学改革的各项工作也取得了较大进展，国家同时也在这一层面上提出了相关的发展政策，引导和促进我国网络教学实践工作有效开展。为更好地推动新媒体政策的全面实行，国家也提出了各种相关的政策用于支持新媒体发展，也对传统方式的转型进行了探索。国家出台的各方面政策为教育改革提供了全新的发展机遇，使得大学生思想教育和新媒体之间产生了碰撞。

国家的各项政策支持也表明了对新媒体教学工作的关注，有效地促进了高校网络教学的全面发展。但是同时我们也能够看出，在一些高校，网络教育教学还未能取得良好的教学效果，尤其很多民办高校在新媒体教学方面依然存在缺乏关注的现象，高校教师通过新媒体开展思想政治教育的教学氛围还明显不足。从政策影响和发展现状进行全面分析，能够得出尽管国家在教育规划等纲要文件中已经提出了新媒体环境下高等教育的各项工作实施的基本要求，但这些要求还是过于笼统和抽象，对新媒体教学环境进行监管的政策体系还未完善。因此，国家必须大力加强新媒体与高校教育融合的力度，并且对管理体制进行完善，以便取得预期成效。

第二节 新媒体背景下大学生思想政治教育载体实效性研究

新媒体的发展与应用，使得大学生思想政治教育的载体发生了极大的变化，其改变了传统的教育模式，积极采用网络平台教育的模式来推广大学生思想政治教育中的相关内容，从而确保大学生形成正确的世界观、价值观以及人生观。对于大学生思想政治教育载体而言，其主要传导和承载着教育信息，能有效联系教育的客体和主体，确保思想政治教育的顺利开展。

一、新媒体背景下大学生思想政治教育载体的应用分析

（一）微信在大学生思想政治教育中的应用

微信作为一种新型的平台，在大学生思想政治教育中有效运用微信中的推送模式，能够将重要的信息发送给学生，确保学生能够对思想政治教育的相关内容加以阅读。由于微信中包括娱乐、经济以及民生等相关的社会热点账号，而高校管理中则缺乏相关的账号，如学校的公共微信、辅导员的公开账号等。因此高校在进行思想政治教育工作时，必须要对现代通信手段的应用加以重视，并且思政工作者必须要充分利用微信，将正面信息加以传播，积极宣传正确的思想文化，引导学生树立正确的世界观、价值观、人生观以及道德观。一般情况下，学生培养的重要方式之一就是语言的沟通，高校思政工作者可以充分利用微信的语言功能，积极与学生进行沟通，及时了解学生的心理健康以及情绪状态，关注学生的学习和生活。这样能有效保证学生个人权益得到尊重，加强师生之间的互动和沟通，促进教育工作的顺利开展。

例如，青岛民办高校青岛滨海学院微信公众号自 2016 年 5 月建立，至今已运营近 4 年，粉丝量近 4 万，日平均阅读量过千。2019 年青岛滨海学院

官微自制微信宣传作品 90 余条，审核二级单位微信 300 余条；青岛滨海学院官微推送 160 余条，核准其他渠道推送 200 余条。紧围绕弘扬社会主义核心价值观和青岛滨海学院形象宣传，讲好滨海故事、传播滨海声音。微信宣传质量、水平大幅提高，经青岛滨海学院官微平台发布作品，WCI 指数均达到 590 以上，日均水平超历史最高。山东高校最有影响力微信公众号月上榜，始终位居同类高校第 1 位，全省本科院校前列（5 月份改革后位列全省本科高校第 9 名），综合影响力远超历史最高水平。2019 年下半年，荣获 2019 年山东省最佳社会声誉高校和最具影响力高校政务新媒体单位。

（二）微博在大学生思想政治教育中的应用

目前腾讯微博、新浪微博等平台被人们广泛应用，高校思政工作者在对大学生进行思想政治教育工作时，可以结合本校的实际情况注册微博平台，对学生的动向加以关注，并坚持每天发表微博，使学生在潜移默化的过程中形成正面的风气。学生经常会将自己的思想动态发表在微博上，因此思政工作者要关注学生的微博，并对学生感兴趣的主题加以搜集，与学生进行互动，同时指导和帮助学生解决日常生活和学习中存在的疑问，有针对性地进行思想教育工作，从而实现对学生的高效管理。此外，微博具有阅读方便、范围广以及速度快等优势，高校思政工作者可以用其优点，将心理健康教育、感恩教育、爱国教育以及周边趣事进行推广，从而提高学生的政治敏感度，培养出社会需要的人才。

二、新媒体背景下加强大学生思想政治教育载体实效性的有效策略

（一）建立思想政治教育的网络平台

新媒体背景下，高校在进行思想政治教育工作时，应将传统媒体和新媒体进行有机融合，发挥出两者的优势，确保思想政治教育工作更具前瞻性。首先高校可以建立学校主题教育网站，使其集服务性、趣味性、知识性以及思想性于一体，将新媒体信息传播的正面效应加以充分发挥，提高主流文化的权威性。同时思政工作者要对校园网站的内容和信息进行及时更新，保证教育的形式更具多样性和丰富性，实现思想政治的立体教育。其次加强网络平台的监管，对学生进行正面引导，对学生的网上交流平台进行密切关注，适时监控 QQ 群、BBS 论坛等网络互动平台。此外，思政工作者要对具有价值的舆论信息进行挖掘，扩大先进典型和正面事件的宣传力度，对校园网络环境加以净化，确保网络文化方向的先进性。最后要对学生网上"意见领袖"的培养加以重视，充分利用其强大的号召力引导主流思想文化的发展，促进正面控制力的提高。

（二）营造健康文明的校园网络环境

大学生获取信息资源的渠道较为广泛，尤其是网络资源，学生在校园网站中可以畅所欲言，将自己的真实想法进行表达。高校在开展思想政治教育工作时，要重视校园网站中学生的舆论，认真监督学生的情况，建立科学的校园网络舆论引导和应急机制，这样能够对突发的网络事件进行及时响应，营造出健康文明的校园网络文化环境。

（三）积极转变教育观念，科学运用新媒体技术

在新媒体背景下，大学生的思想政治教育发生了变化，使得社会环境也发生了一定的改变，新媒体技术被广泛应用在思想政治教育工作中，提高了学生的主体地位，有效推动了思想政治教育的实效性。因此思政工作者在开展大学生思想政治教育工作时，必须要科学运用新媒体，将新媒体技术与思想政治教育进行有机整合，并利用新媒体的参与性和互动性特点，加强学生的自我管理和教育，发挥出新媒体技术的优势。此外，思政工作者在教育中要有效纳入教育的主体对象，改变传统的单向灌输模式，采用双向互动模式，确保师生之间的平等交流，形成相互交流和学习的教学机制。同时引导学生参与到教育活动中，确保学习的氛围更具开放性，构建平等和谐的师生关系，促进学生的全面发展。

综上所述，新媒体背景下高校在开展大学生思想政治教育时，可以充分利用微信、微博等新媒体技术，积极转变教育观念，建立思想政治教育的网络平台，营造健康文明的校园网络环境。只有这样，才能促使大学生形成正确的世界观、人生观、价值观以及道德观，实现思想政治教育的现代化和网络化，促进高校教育事业的可持续发展。

第七章 新媒体环境下提高大学生思想政治教育实效性的对策

第一节 新媒体环境下提高大学生思想政治教育内容实效性的方法

新媒体环境下大学生思想政治教育内容构建、传导与接受这三个环节，存在着协同与制约辩证统一规律，思想政治教育传导及接受环节实效性都有赖于内容构建实效性的首先实现，提高大学生思想政治教育内容实效性，是整体实效性提升的首要条件。因此，遵循思想政治教育内容与方法适应性原则，针对青岛民办高校新媒体环境下大学生思想政治理论课与日常思想政治教育内容实效性的问题提出以下具体对策。

一、加强青岛民办高校大学生思想政治教育适应性内容的构建

在坚持中国共产党领导建设具有中国特色社会主义主导意识形态的基本原则下，新媒体环境下大学生思想政治理论课的内容构建需要增强适应性，即在大学生思想政治理论课教材体系、教材内容及教学内容的构建上，理论联系实际，适应全球化与新媒体环境下社会发展的现实，适应生活在新媒体环境下当代大学生的认知特点及价值需求。

第一，青岛民办高校加强大学生思想政治理论课教材体系构建的适应性。首先，根据大学生的认知特点及价值需求，科学合理地完善大学生思想政治理论课教材与小学、中学思想品德类教材体系的衔接。目前，我国思想政治理论课教材体系的范围从小学至大学，小学开设的是思想品德类课程，中学开设的是政治类课程，大学开设的是基本理论为主的思想政治教育课程。在中学与大学阶段教材体系的构建均以马克思主义原理等纯理论为主，具体内容上相差不大，只有多寡之分，中学阶段学生面临高考，应试学习中对政治类思想政治理论科目的学习多死记硬背，升入大学后对于与高中阶段学过的

思想政治理论课内容自然产生"老生常谈"的厌倦感。因此，大学生思想政治理论课教材的编写需要适应我国高等教育发展的特点，大学阶段思想政治理论课的内容构建需要与中学阶段的内容编制具有层次性、递进性。其次，加强适应性还要求大学生思想政治理论课教材的更新速度要加快，不断补充与时俱进的精品内容。随着全球化及中国经济的高速发展，我国的社会环境日新月异，党和国家的很多有益政策与改革措施将不断出台并落实，大学生每时每刻都可以从各类新媒体渠道获取信息、感受变化。因此，作为具有释疑解惑功能的高校思想政治理论课，要以统编教材为基础，建设思想性、科学性和可读性统一的思想政治理论课立体化教材体系。

第二，青岛民办高校加强大学生思想政治理论课教材内容的适应性。首先，加强马克思主义基础理论的研究工作，增强大学生思想政治理论课教材内容的学术性，从理论高度上回应全球化与中国社会转型期阶层利益多元化等重大理论与现实问题，从而真正发挥思想政治理论课教学在意识形态领域的引导功能。其次，增强思想政治理论课教材内容的思辨性或说理性，才能够满足新媒体环境下大学生日益增长的主体性价值需求。当前思想政治理论课教材内容中纯理论内容居多，缺乏思辨性，尤其是缺乏针对全球化与新媒体背景下各种非主流思想的批判与反思。如果大学生思想政治理论课教材内容仅限于纯理论性质的"灌输"，在新媒体环境下各种思想文化交锋中就缺少公信力、说服力，就会逐步失去大学生对思想政治理论课教学的关注度。再次，坚持理论联系实际的基本原则，增强大学生思想政治教育内容的针对性。现有思想政治理论课内容，缺乏对大学生关心的社会现实问题的理论回应，对于生活现实中发生的重大事件、社会焦点等议题有回避之嫌。一是源于教材更新不及时，二是内容构建中缺乏用马克思主义理论主动回应现实难题的意识。运用马克思主义的立场观点方法在多元多变的社会思想意识中，面对各种思潮和复杂的社会现象，在多样中求得共识，给思想政治理论课内容提出新的要求。最后，着力发挥网络新媒体在思想政治教育内容的生产中所具有的功能优势，通过创新教育内容的呈现形式来改变教育内容传导给教育对象的感受，使传统教育内容通过新媒体技术有了"精心加工"及再生产后的新特点，更加契合大学生群体的特点和偏好。结合思想政治教育中世界观教育、人生观教育、政治观教育、道德观教育、法制观教育等不同模块内容的针对性，恰当利用各类新媒体应用将几大重要模块在网络上有重点地推送，以此推动青岛民办高校的思想政治教育。

第三，青岛民办高校加强大学生思想政治理论课教学内容的适应性。教学内容与教材内容不同，每个理论课教师根据思想政治理论课教材教学大纲进行课前备课、信息加工，以不同的方式呈现出具有差异性的教学内容。为了符合所教班级学生群体的认知特点和价值需求，思想政治理论课的教学内容就需要教师结合当下时代的发展变化与特点，主动回应大学生关注的现实问题，正视当下的时政热点与社会焦点等议题。充分利用新媒体环境中的思想政治教育资源，合理利用新媒体技术辅助教学，构建具有针对性、现实性、趣味性的教学内容。如教学中采取诸如案例分析、情境体验等互动性较强的教学模式，以提高大学生用马克思主义理论分析问题、解决问题的思维能力，从而提高思想政治理论课教学的实效性。

二、优化大学生思想政治教育隐性化内容的设计

青岛民办高校新媒体环境下提高大学生思想政治教育内容实效性的对策，更应重视与优化大学生思想政治教育隐性化内容的设计。隐性教育是教育者利用所处社会环境的相关因素及教育者自身创设的教育情境，通过潜移默化的渗透方法进行的思想政治教育，隐性教育方法的使用得当，会使受教育者在无意识、不自觉的情况下接受思想政治教育的内容，从而达到润物细无声的良好效果。而思想政治教育的隐性教育得以取得实效性的前提，则是隐性化内容的构建。隐性教育一般在大学生日常思想政治教育活动中实施，目前青岛民办高校的大学生日常思想政治教育内容主要包括以理想信念教育为核心的"三观"教育、以爱国主义教育为重点的民族精神教育、以基本道德规范为基础的公民道德教育和以大学生全
面发展为目标的素质教育。根据我国大学生日常思想政治教育活动的特点，以下分别从网络思想政治教育、校园文化及社会实践活动两方面加以论述。

第一，优化易于网络有效传导的隐性化意识形态文化内容设计。新媒体环境下新媒体工具的使用已经深入社会现实生活的各领域，尤其对以 90 后为主体的当代大学生群体，新媒体环境已成为了其学习、娱乐等生活环境的一个有机组成部分，使得网络思想政治教育成为了大学生日常思想政治教育中越来越重要的领域。新媒体环境下网络思想政治教育的开展，相较早期互联网时代已有了很大不同，新媒体环境下网络思想政治教育的传导呈现出互动性、多样性及渗透性或隐蔽性的基本特征。之前单向度的红色网站等教育形式与内容已经无法适应这种新形势的特点，导致网络思想政治教育实效性偏低。因此，必须加强青岛民办高校易于网络有效传导的隐性化意识形态文化内容的生产，才能顺应青岛民办高校新媒体环境的要求，有效地开展网络思想政治教育活动。首先，从国家层面需要组织人力物力针对大学生这一目标

群体，大量生产隐含主导意识形态内容包括爱国主义教育、三观教育主旨的电视、电影、书籍等文化产品。新媒体技术已经使电子书籍的阅读、影视剧的在线观看十分便捷，这些具有主导意识形态的隐性化文化产品很容易被大学生获取与接受。同时防止以牟利为主的影视剧制作公司打着爱国主义旗号的粗制滥造，出现诸如"手撕日本鬼子"等所谓抗日神剧之类的产品，反而引发大学生群体的嘲笑与厌恶情绪，起到了适得其反的负面效应。其次，从高校层面需要组织动漫、影视剧等专业的教师和大学生群体，设计与生产大量适合大学生消费喜好的隐性化意识形态文化产品，分层次适时机地投放于网络，在竞争激烈的网络思想政治教育场域中从占有一席之地到逐渐成为主流。总之，新媒体环境下大学生日常思想政治教育实践中，加强隐性化意识形态文化产品内容的生产是开发隐性思想政治教育的载体，也是占领网络思想政治教育重要阵地的前提。

第二，高校优化校园文化及社会实践活动的隐性化意识形态文化内容设计。首先，优化校园文化活动的隐性化意识形态内容设计。利用好大学生在校的闲暇时间，打造优质传统文化、校风建设、主题竞赛、文艺体育等各类文化活动，创新隐性化的内容设计与表现形式。我国大学生群体在校时间一年平均为 280 天左右，其中双休日及节假日大约 90 天，在保证正常教学组织管理及学生毕业就业工作的顺利开展前提下，适时开展轻松休闲、愉悦身心的文化类活动，将中国特色社会主义教育、中国梦教育、社会主义核心价值观教育、法制教育等融入其中，注重渗透式的隐性教育不仅有助于构建良好的校园文化环境，营造和谐融洽的师生关系、同学关系，提高大学生闲暇生活质量，更有助于提升大学生思想政治教育的实效性。其次，优化大学生社会实践活动的隐性化意识形态内容设计。充分利用传统节日、重大事件、爱国主义教育基地、博物馆等，组织与开展大学生日常思想政治教育活动。像春节、端午节等包含优秀传统中华文化的节日，五四青年节、918 纪念日等包含爱国主义思想教育的重大事件纪念日，都需要组织者设计合理的隐性化意识形态内容，这里的内容主要指活动形式。还有迄今为止全国各地 200 多个爱国主义教育基地的建设，都应成为大学生社会实践的重要场所，通过亲身体验、实地考察、榜样示范、交流学习，全身心接受中华传统文化的洗礼，继承优秀的中华民族精神，大学生思想政治教育实效性自然提升。

综上所述，优化大学生思想政治教育隐性化内容的设计，需要从国家层面到高校层面进行人力、物力的有组织、有计划地进行，把培育和践行社会主义核心价值观融入教书育人全过程。

第二节 新媒体环境下提高大学生思想政治教育
传导实效性的路径

大学生思想政治教育传导环节是链接思想政治教育内容构建与接受的中间环节，传导实效性的高低直接影响到接受实效性的高低。遵循显性教育与隐性教育相结合的基本原则，在把握新媒体环境下大学生思想政治教育传导环节的互动规律及隐性规律的基础上，主要从教育传导主体、教育传导方法两方面提出新媒体环境下提高大学生思想政治教育传导实效性的具体路径。在教育传导主体方面，提升大学生思想政治理论课教师的理论与教学水平、建设与管理大学生网络思想政治教育的专职队伍；在教育传导方法方面，改革教学模式、采用案例分析等互动教学手段以提高理论课的吸引力，积极主动参与网络思想政治教育场域的竞争，逐步增强网络话语权，利用多样化意识形态文化产品开展全方位的隐性教育。

一、积极提高思想政治教育师资队伍新媒体素养

新媒体素养包括使用、分析、评价、制作、自我完善、促进媒介良性生态发展的综合能力。作为传导环节主体的大学生思想政治教育师资队伍，其新媒体素养直接决定着教育教学能否适应新媒体环境，能否满足当代大学生对教师水平及其讲授课程的期待。教师队伍媒体素养的提高将意味着对新媒体环境下大学生思想政治教育中信息的选择、鉴别、鉴赏能力的提高，从而促进大学生的信息吸纳能力和使用能力有所提升。

提升教师队伍的新媒体素养，需要加强高校对大学生思想政治教育师资队伍新媒体素养的重视，将新媒体素养作为教师教学、管理考核内容之一，定期开展教师新媒体技术竞赛，组织新媒体技术的相关培训与学习，例如常用新媒体教学软件的应用、微课的制作与使用、慕课开发与设计、信息技术与教育深度融合的理论与实践等等。培养教师正确地、建设性地使用大众传播资源的能力，充分利用新媒体资源完善自我，包括形成先进的新媒体理念，使用新媒体技术，有效利用新媒体资源及对传媒的合理批判。具体体现在：一是可以熟练地应用新媒体技术。在教学中辅助知识点的讲授、教学内容的技术呈现、教学情境的设计、网络教学的过程监督等。在学生管理中借助新媒体平台与学生及时沟通，掌握学生思想动态。二是帮助学生辨别信息内容

的真实性。在海量信息复杂传播的新媒体时代，各类信息鱼龙混杂、真假难辨，具有较高新媒体素养的教师凭借经验、智慧和信息分析能力，引导大学生合理识别虚假信息。三是客观评价新媒体环境下的各类信息内容。可以深刻理解信息内容中隐含的宣传思想观念，对信息传导者的刻板成见进行思辨与批判，对内容背后体现的社会流行文化进行内省与思考，对色情暴力等不良宣传内容传播行为坚决抵制，可以从伦理道德角度评价传播现象与行为、从政治经济角度探究传播行为内在机制，对网络虚拟性有充分的认识。四是培养新媒体制作能力。了解网络媒介的制作、信息传播的机制与过程，教师自主参与网络思想政治教育传导活动，能够具有管理、制作网络新媒体产品的意识和技术，具有开发简单新媒体应用软件的能力。五是能够利用新媒体技术实现自我完善。教师主动选择思考网络技术内容对自身发展的作用，通过主动的接受与传播思想政治教育内容，为大学生进行行为示范，有效地综合利用新媒体促进个人目标和教育目标的实现。对网络在生活角色中有正确的定位，具有网络审美意识的主动性，对网络虚拟世界有较好的情感管理能力，引导大学生不网恋、不恋网。六是争做促进媒介良性生态发展的传播者。教师要做到对自己承担的责任、新媒体环境与受众的互动作用有正确的认识，引导学生严格规范自己的网络接受与传播等使用行为。可以运用网络，通过自己的传播行为为新媒体环境下大学生思想政治教育的良性发展做出贡献。

二、重点培养思想政治教育网络舆论意见领袖

建设一支专业从事大学生网络思想政治教育的专职队伍，重点培养大学生思想政治教育网络舆论意见领袖，是新媒体环境下提高大学生日常思想政治教育实效性的关键。

第一，重点培养一批大学生思想政治教育网络舆论意见领袖，是新媒体环境下提高大学生思想政治教育实效性的必然要求。新媒体环境的开放性等特点使得大学生思想政治教育场域呈现叠加性的基本特征，在大学生所处的家庭、校园与社会公共场所，思想政治教育传导活动都可以借助网络等新媒体突破时空限制而开展，使得大学生网络思想政治教育在日常思想政治教育中的比重日趋增加，网络思想政治教育的实效性直接影响着大学生思想政治教育整体实效性。网络话语权的强弱依赖于网络意见领袖的"声音"强度。在思想政治教育队伍中重点培养一批优秀的意见领袖是做好大学生网络思想政治教育的重要前提。网络意见领袖可以由大学生思想政治教育工作者、优秀学生党员和学生干部组成。实证调查中发现，新媒体环境下大学生思想政治教育传导实效性偏低的一个主因就是网络思想政治教育场域中教育主体"缺

位""不在场"。新媒体环境下的网络思想政治教育越来越需要借助信息容量大、传播速度快、交流互动频繁的传导平台而开展，这个传导平台要求教育主体尤其是意见领袖团队必须"进场"，与目标受众大学生进行思想交流、引导沟通，与意识形态领域中的竞争对手展开交锋。否则在大学生网络思想政治教育场域中就会丧失话语权，严重阻碍大学生思想政治教育整体实效性的实现。因此，重点培养一批大学生思想政治教育网络舆论意见领袖，是新媒体环境下提高传导实效性的人力资源方面的重要保障。

第二，重点培养一批大学生思想政治教育网络舆论意见领袖的具体措施。首先，制定合理的网络舆论意见领袖培训计划，组建一支新媒体素养较高，对马克思主义理论真学、真懂、真信、真用的教师和学生队伍。其次，使意见领袖能够深入并占领大学生群体经常关注和驻留的成熟网络平台，通过发表评论、参与活动、组织讨论、交友交流等方式赢得广大学生的信任，在线上线下切实地为大学生群体答疑解惑，为大学生提供学习、生活、就业创业等各类有意信息，从而逐渐成为网络舆论场的主导者。再次，创建并培育一批符合大学生特点、满足大学生需求的全新网络平台，以其时代性的特征、鲜明的主题、趣味性的内容、针对性的引导，不断吸收大学生群体的关注。最后，重点培养一批大学生思想政治教育网络舆论意见领袖，不但要投入人力、物力，还要投入资金，用合理的经费定期开展线下活动以保持线上的持续性交流。在各高校党团组织的领导下，建立健全大学生思想政治教育网络意见领袖责任机制，即建立好明责、履责及究责的考评与反馈机制，有目的、有目标、有计划地开展大学生网络思想政治教育活动。所谓"有目的"就是提高大学生思想政治教育实效性，"有目标"就是在一定时间周期内、在一定范围内的思想政治教育传导平台上获取网络话语权，"有计划"则是将隐含社会主义核心价值观的多样化意识形态文化内容，通过精心组织、精心实施，传导至目标受众大学生群体中去。

三、充分利用慕课、微课平台创新多种教学模式

新媒体环境下提高大学生思想政治理论课实效性，应在教育传导方法上充分利用慕课、微课、翻转课堂等新型教学平台，展开案例分析式、讨论互动式、情境体验式等教学模式，提高思想政治理论课的吸引力。大学生思想政治理论课教材内容是由全国统一编制，在课堂教学中教学内容设计需要理论课教师遵循因材施教原则进行精心编排，要求教师采用符合新媒体环境下大学生群体认知特点的教学模式进行教学。以下举例探讨几种行之有效的教学模式。

（一）案例分析教学模式

思想政治理论课教师精心选取现实社会中大学生关注的时政热点事件，利用新媒体工具制作慕课、微课等，引导大学生运用所学理论加以分析，提高大学生分析问题和解决问题的能力。大学生思想政治理论课教学采用案例分析式教学模式，不仅理论联系实际，而且结合了大学生关注的时政热点等社会现实焦点问题，增强了课堂吸引力，同时案例分析教学的启发性、激励性和引导性改变了以往思想政治理论课的纯理论灌输模式，使思想政治理论课不再枯燥、乏味与抽象，从而提高了思想政治理论课实效性。

（二）讨论互动式教学模式

利用翻转课堂，以网络上热议的现实焦点问题或某一类社会现象为主题，如腐败现象或养老金制度改革，学生提前进行网络学习、资料查阅，课上教师组织学生以各种形式展开讨论，阐述观点、互相辩论，培养学生运用所学理论分析、解决问题的能力。讨论互动式教学模式的应用非常灵活，一般主要有四种互动形式：师生互动、生生互动、与社会互动、与媒体互动。一方面，讨论互动式教学关注大学生感兴趣的社会时政热点、焦点问题，激发大学生的思考兴趣，鼓励大学生参与讨论，培养大学生的口才、思辨及理性交往等多方面能力；另一方面，借助网络等新媒体工具，使得大学生在多向互动的网络空间中学会观察问题、分析问题与解决问题，充分激发大学生的接受主体性，对于提高思想政治理论课实效性发挥着重要作用。

新媒体的广泛应用改变了当前高校思政建设的教育环境，也为思政教育提供了不同的发展途径，青岛市位于我国山东，其经济发达，在此就读的高校大学生观念更为超前，所身处的环境也更加有文化气息，以青岛滨海学院为例，此高校设置的专业多样化，因此不同专业的学生所需要的信息也就不同。另外，由于新媒体在传播信息的过程中不受控制，高校大学生在此过程中可以随心所欲地进行讨论，接收不同类型的信息，在这过程中就会导致高校的思政教育环境发生变化，其建设的内容以及传播的政治观点更为超前。

在新媒体的大时代背景中，要求高校大学生要掌握一些最基本的计算机网络技术，同时，由于新媒体尤其是互联网上的信息内容繁多而复杂，也由于大学生存在一定的猎奇心理、判断力不够，因此，高校在创新思政课程之外，要不断提升大学生的媒介素养，这里所指的媒介素养就是大学生要具备对各种信息分析、整合以及表达的能力。提升媒介素养也不仅仅是大学生需要完成的工作，也是现今每个公民都应具备的一项基本能力。青岛滨海学院为了提升大学生的信息素养能力，特别要求各个学院的导师以及思想政治教师对每一位学生所存在的思政问题进行解读，并且，青岛滨海学院在此过程中开设多个校园社团，鼓励学生参加不同社团，以在实践过程中提升自己对于信息的理解能力。

第三节 新媒体环境下提高大学生思想政治教育接受实效性的措施

新媒体环境下大学生思想政治教育接受环节的基本特征体现在接受主体的主体性、接受客体的多重性以及接受环境的制约性。在遵循接受环节要素匹配规律和环境制约规律的基础上，从宏观层面依法治理新媒体环境、从中观层面优化网络环境、从微观层面构建和谐校园文化心理环境，并积极建立大学生认知特点与价值需求的调查与分析系统，全面提升高校大学生思想政治教育接受实效性。

一、加强党对新媒体的领导依法治理新媒体环境

加强党对新媒体的领导、依法治理新媒体环境，是新媒体环境下大学生思想政治教育优化社会宏观层面接受环境的首要对策。

第一，加强党对新媒体的领导、依法治理新媒体环境，要坚持党性原则、坚持马克思主义新闻观、坚持正确的舆论导向、坚持正面宣传为主。"中国共产党是领导我国社会主义事业的核心力量，也是中华民族团结统一的核心力量。"加强党对新媒体的领导，就是加强党对以新媒体为主的大众媒体的领导权，在贯彻马克思主义指导思想的前提下，针对新媒体进行科学有效的管理。引导新媒体等大众媒体弘扬爱国主义、集体主义等社会主义核心价值观，在全社会范围内培养健康向上的文化氛围，推动社会全面进步，营造和谐的社会宏观大环境，做好正面宣传，增强吸引力和感染力。

第二，党和政府及相关主管部门是优化社会宏观环境的主体，加强与改善党对新媒体的领导就是要求思想政治教育相关主管部门在坚持意识形态主导性原则基础上，将新媒体环境治理、新媒体管理及舆论监督等作为重点工作来抓。首先，加强相关立法，在法制层面完善新媒体管理机制；其次，建立健全新媒体舆论的监控预警机制，对于网络谣言、色情暴力等尤其是危害我国意识形态安全的言论信息进行法律追究，依法惩处恶意煽动、寻衅滋事等不良行为，严厉打击利用新媒体犯罪的一切活动；再次，通过组织人力、投入资金，生产大量的多样化隐性意识形态文化产品，有序地投入新媒体环境中，大力倡导良好的社会主义道德风尚，坚持不懈地做好正确的新媒体舆

论导向工作，从而加强大学生思想政治教育接受环境的优化。

二、增强高校思想政治教育场域主导性，优化网络环境

增强大学生网络思想政治教育场域的主导性，弘扬社会主义核心价值观，以健康向上的舆论导向优化大学生思想政治教育场域中的网络舆论环境，从而促进思想政治教育接受实效性的实现。

第一，增强大学生网络思想政治教育场域话语权的主导性，是优化大学生思想政治教育接受环境的重要前提。以大学生网络思想政治教育的专职队伍为主体，充分利用多样化隐性意识形态文化产品，培养众多"意见领袖"、网络舆论"把关人"，增强思想政治教育场域话语权、主导权。要求我们在面对一些有关意识形态领域的大是大非问题，如是否坚持中国共产党的领导，是否坚持走中国特色社会主义道路等重大原则问题上，网络思想政治教育者必须勇于站出来，主动参与这些问题的争论，激浊扬清、针砭时弊，与敌对势力进行针锋相对的思想辩论，以较高的政治理论素养、智慧的思辨能力获取大学生群体的认同和拥护，不断增强自身的影响力及话语权的主导性，对于网络舆论环境的优化具有十分重要的作用。意识形态领域的竞争从来都是界限分明的，绝不容一丝含糊，否则就会造成网络舆论环境的杂乱无序，从而对大学生的理想信念造成混乱，直接影响到大学生的思想政治教育接受实效性的实现。

第二，加强网络舆论引导，构建具有正向效应的网络舆论环境。正向效应的网络舆论环境是网络舆论中的诸多意见、观点及情绪指向，符合以社会主义核心价值观为核心的主导意识形态，具有推动我国社会健康发展作用的意见氛围，即网上常言的"正能量"。大学生处在这种"正能量"的网络舆论环境中，思想政治教育接受活动便会顺利进行，思想政治教育接受实效性就会提高。反之，负向效应的网络舆论环境对大学生思想政治教育接受活动则会造成阻碍，具有极大的危害性。首先，认识并把握网络舆论环境形成的爆发性特征，即某个社会事件（通常是恶性事件、贪污腐败、强拆房屋等特殊事件）被当事人在网络上发布，而后经由某些具有较大影响力的"意见领袖"或出于商业利益目的、或出于不良政治动机进行转发，使该事件短时间内引起众多网民的关注与争论，从而形成了所谓"网络热点事件"。此时，网络思想政治教育者需要"第一时间"就此作出反应，客观评论、正面为主，借助自身拥有的话语权与大学生进行友好平和的理性互动，从而化解网络舆论可能走向负向效应的局面，充分发挥众多"意见领袖""把关人"的作用，采用"议程设置"等舆论引导策略，形成正向效应的网络舆论环境。其次，认识并

把握网络舆论环境形成的周期性特征，即一个符合社会主义核心价值观、正向效应的网络舆论环境的形成，绝非一朝一夕之功，而是通过对诸多社会现实难点焦点问题的互动讨论，逐步在大学生的心理上建构一种对主导意识形态的认同感，这种认同感建立后则具有一定周期内的稳定性。把握周期性特征，坚持"深耕细作""稳扎稳打"的网络舆论引导策略的实施，从而逐步构建一个正向效应的网络舆论环境。

综上所述，新媒体环境下提高大学生思想政治教育接受实效性，需要优化社会中观环境层面上大学生思想政治教育场域的网络舆论环境。因此，必须加强网络思想政治教育场域话语权的主导性，使显性教育与隐性教育相结合，培养众多自己的"意见领袖""把关人"；合理运用"议程设置"等舆论引导策略，加强网络舆论引导工作，逐步构建一个正向效应的网络舆论环境，从而优化大学生思想政治教育接受环境。

三、构建具有归属感的和谐校园文化心理环境

具有归属感的和谐校园文化心理环境是大学生在校期间热爱学校，与老师同学之间具有融洽的人际关系，从而对学校产生了心理上强烈的认同感以及维护学校荣誉的认知及行为自觉的环境氛围。具有归属感的和谐式校园文化心理环境对于大学生思想政治教育接受实效性的实现，具有极大的促进作用，是极其有效的接受环境优化策略。

第一，校园整体环境的良好规划，教室及宿舍硬件设施的齐全配置及科学管理，是建构具有归属感的和谐校园文化心理环境的物质保障，这些物质形态环境具有"环境育人"的隐性教育功效，对于大学生思想政治教育接受环境的优化有着极其重要的促进作用。首先，校园整体环境包括校园内的建筑格局、装饰风格以及校园景观的设计、相关设施的配备，校园环境的绿化、净化与美化等多个方面。校园整体环境是大学生思想政治教育接受环境的物质形态，人作为一个具有主体性的社会存在，不仅能够敏锐地感知所处环境的变化，而且还会对环境的优劣产生心理上愉悦或厌恶等情绪。如果一所高校里校园建筑布局合理、风格别致，校园环境安全舒适、四季清新，那么就很容易令人产生审美愉悦感，对生活与学习在这里的大学生养成平和的心态、理性的思维具有积极促进作用。其次，教室与宿舍硬件设施的齐全配置以及良好的管理，在满足大学生学习与生活各方面物质需要的同时，也能够起到陶冶情操、休养心性的作用，不仅可以培养大学生积极向上、勤奋学习、乐观出事的心理素养，而且可以逐步建构大学生"爱校如家"的归属感，这对于大学生思想政治教育接受活动的开展具有积极的正向作用。

第二，校园文化环境的积极营造，体现人才培养、专业特色的校风校貌，是建构具有归属感的和谐校园文化心理环境的精神保障，这些精神形态环境具有"润物无声"的隐性教育功效，对于大学生思想政治教育接受环境的优化有着极其重要的促进作用。首先，具有特色的校训、校标、校徽、校歌、校服等承载学校文化的物质载体是校园文化的精神体现。大学生拥有的学校归属感常体现在衣着服饰、书本文具、书包水杯等学习和生活用品上，积极展示学校的文化体现了对学校的高度认同感和自豪感。其次，积极开展丰富多彩、生动有趣、激发大学生积极向上的各类校园文化活动，包括文体娱乐及学术活动，是营造校园健康心理环境的最佳途径。优质的校园文化活动不仅可以引导大学生树立正确的理想信念，培养大学生阳光健康的心理、和谐的人际关系、团结协作的精神，还能够激发学生积极思考、勇于探索的创业创新精神。良好的校园文化环境有利于凝聚人心，增强班级、年级以至全校师生的集体凝聚力，从而逐步构建起具有归属感的和谐校园文化心理环境。

例如，青岛民办高校青岛滨海学院为营造浓厚的校庆氛围，学校每年校庆开展"迎校庆，校园美化我争先"；校庆日宣传标语与口号征集；"心系母校、传承滨海精神"迎校庆之校友报告会；"讲述滨海故事、传承滨海精神、践行滨海价值观"主题班会；庆祝建校周年文艺演出；"图说滨海"及"母校的 AAAA 景区"摄影比赛；"情系滨海"迎校庆征文演讲比赛；庆校庆校歌比赛；"滨海的故事"之校庆系列广播站专题；"多彩滨海"之社团文化艺术节和"每天锻炼一小时，健康生活一辈子"校庆体育节等系列活动。通过校庆系列活动的举办，营造出强烈的校园文化氛围，向全校学生宣讲本校的发展历程，充分展现学校所取得的成就与荣誉，加强在校学生对学校的了解与信任，提升学生对学校的荣誉感与自豪。

同时青岛滨海学院充分发挥校园文化对学生的影响作用，使学生真正地在环境中受到熏陶和教育，实现"一草一木会说话、一墙一壁皆育人"的教育目的。青岛滨海学院提出"打造特色文化，彰显自我品格，兼顾人文与专业，助推人文教育与德育"，决定各二级学院在社会主义核心价值体系和学校核心价值观指导下，立足本学院，打造具有自我特色的文化品牌，做到文化建设的"一院一品"。据统计，活动实行以来，全校 13 个二级学院发动全体师生，利用业余时间，创设具有专业特色的标志性雕塑 20 多个；编写学院发展史十二篇，10 万余字；梳理各学院发展大事 1400 多条；推出各类正能量典型人物 40多个；布置展厅 13 个；拍摄各类声像作品 20 多部；装扮文化墙 1200 多方平米。活动极大激发了师生创作力及大家爱校荣校情感，丰富了校史内涵，树立了专业培植意识，让广大师生，尤其是青年学生得到了教育与自我教育，形成学校文化建设新角度，丰富学校文化建设内涵，助推学校文化建设新发展。

第四节 新媒体环境下提高大学生思想政治教育 整体实效性的协同策略

一、实施内容构建、传导及接受环节的协同管理策略

（一）新媒体环境下大学生思想政治教育协同管理策略的提出

协同理论的思想最初是由德国科学家哈肯于 1976 年提出，采用跨学科的研究路径对各种复杂的开放系统进行研究，认为系统内部大量的子系统的协同效应是形成系统整体性的重要因素。之后随着众多不同学科学者的深入研究，协同理论被广泛应用于自然科学及社会科学的实践中。新媒体环境下大学生思想政治教育实践过程可以划分为内容构建、传导与接受三个环节，大学生思想政治教育实效性就是这三个环节实效性的有机整合，因而采用协同管理策略，可以应对新媒体环境下大学生思想政治教育所面临的新挑战，并有效提高思想政治教育的实效性。因此，新媒体环境下大学生思想政治教育的协同管理策略是在大学生思想政治教育的内容构建、传导与接受环节的开展中，针对每个环节的教育要素、环节实施加以充分整合并进行统一管理，对每个环节实效性实现的相关信息进行信息共享与及时更新，并对教育环境的变化做出及时反应与调整。

新媒体环境下大学生思想政治教育协同管理策略的实施，对于提高大学生思想政治教育实效性具有极大的合理性与有效性。对于大学生思想政治教育实践活动而言，思想政治教育本身就是一个要素众多、结构复杂、各环节间呈现协同与制约特点的社会系统工程，思想政治教育整体实效性的实现受到各环节中的主要教育要素实效性的影响，遵循协同与制约辩证统一规律。因此，提高新媒体环境下大学生思想政治教育实效性，不仅要重视每一个环节实效性的实现，而且必须要重视思想政治教育诸要素在每一个环节中的相互配合与协调。在提高思想政治教育内容构建、传导与接受三个子环节实效性的基础上，协调各环节之间在人力与实施上的相互配合，进行有机整合，发挥出 1+1>2 的协同效应，从而实现提高大学生思想政治教育实效性的目标。

（二）新媒体环境下大学生思想政治教育协同管理的实施路径

新媒体环境下大学生思想政治教育协同管理策略的实施，主要是针对思

想政治教育的三环节及诸要素之间在思想政治教育信息共享与反馈、人力资源与管理、活动组织与开展各方面的紧密配合、相互协调。

第一，充分发挥高校的专业技术优势，利用信息网络与大数据技术，建立新媒体环境下大学生思想政治教育内容构建、传导与接受环节实效性的链式评估与反馈系统，实行信息共享与反馈，这是协同管理策略实施的前提与基础。首先，就思想政治教育内容构建环节而言，内容构建的教育者需要了解并掌握思想政治教育内容是否满足大学生的价值需求及是否匹配大学生的认知特点这两方面的信息反馈。大学生思想政治教育内容分为思想政治理论课内容与日常思想政治教育活动内容，所以，教育者在构建与设计这两部分内容时都必须分别掌握这两部分内容在传导与接受环节中的反馈信息情况，以做出相应的调整。由于在新媒体环境下，易于被大学生所接受的日常思想政治教育内容呈现多样化、隐性化等特点，因此，对这部分内容在传导与接受环节中的信息反馈速度要求就更快，对内容构建环节中的教育者响应速度的要求就更高，否则思想政治教育内容就无法适应网络思想政治教育场域的激烈竞争，进而导致大学生网络思想政治教育的话语权弱化直至丧失。其次，在思想政治教育的传导环节中，教育传导者必须随时掌握教育对象关于思想政治教育内容、传导方法的反馈信息，随时了解教育环境的变化情况，以在传导方法上做出相应的调整。同时还必须实时地将这些信息反馈、分享给内容构建环节中的教育主体，以便内容构建者采取针对性的解决措施。最后，在思想政治教育的接受环节中，思想政治教育工作者需要随时掌握大学生的接受活动的开展情况，主要包括大学生的认知特点与价值需求及接受实效性评估的情况，从而可以根据这些信息构建匹配性强的思想政治教育内容，针对传导方法、接受环境进行优化。综上所述，大学生思想政治教育内容构建、传导与接受环节中的各种信息都存在着密切关联，但这些信息出现在不同的环节中，呈现一种分散的、不规则的状态，在新媒体环境下就会形成"信息孤岛"。而协同管理策略正是为了解决这个问题，对这些信息的逻辑关系进行有机地整合，从而对大学生思想政治教育全过程具有全局性的了解与掌控。

第二，根据思想政治教育内容构建、传导与接受各环节的活动开展，科学合理地进行人力资源管理，在此基础上采取统一的协同管理模式。首先，按照思想政治教育过程的划分对应高校现有思想政治教育各职能管理部门，指定或设立专门职能部门负责实效性评估与反馈系统，建立大学生思想政治教育协同管理领导小组。其次，各职能部门针对全校现有思想政治教育工作队伍进行相关任务分解、定岗定责，制定相应的绩效考核制度。最后，各职能部门统一在大学生认知特点与价值需求调查分析系统和思想政治教育实效性评估与反馈系统组成的 IT 管理平台上，开展思想政治教育各环节的协同管理工作，以保证每个环节实效性的最大化实现。

第三，将新媒体环境下大学生思想政治教育过程各环节不同分工的教育工作者及业务工作中的各种信息，通过协同管理策略的实施有机地整合在同一管理系统中。所有教育者、教育要素、教育资源都能够被组织起来，形成一个跨部门、跨专业年级，甚至跨校、跨区域的虚拟组织，在实现每个环节实效性的基础上进行一致性协同合作，及时应对各种教育环境与大学生思想意识形态等方面的变化，从而有效地提高大学生思想政治教育的整体实效性。

二、构建内容、传导及接受实效性链式评估系统

利用信息网络技术与大数据分析技术建立新媒体环境下大学生思想政治教育内容构建、传导与接受环节实效性的链式评估与反馈系统，是大学生思想政治教育协同管理策略得以顺利实施的前提与科技保障。链式系统是思想政治教育的内容构建、传导与接受这三个环节及其要素间的协同与制约呈现两两互动的动态特点，一个环节的改变会进一步引发其他环节的改变。新媒体环境下大学生思想政治教育内容构建、传导与接受实效性链式评估系统的功能有：一是针对思想政治教育内容构建、传导与接受三个环节诸要素与具体实施环节，具有数据搜集功能；二是将所搜集的信息予以分类，通过网络平台分发给相应的职能部门，具有信息共享功能；三是各职能部门针对类别信息进行相应环节的实效性评估，具有实效性评估功能；四是各职能部门将所负责的相对应环节的实效性评估结果及原因分析汇总并反馈到协同管理领导小组，具有信息反馈功能；五是思想政治教育协同管理领导小组，根据各职能部门的反馈信息，制定具有针对性的解决方案，统筹后分配到各职能部门予以执行，具有制订对策的功能。实效性链式评估系统的内容主要包括三方面：一是思想政治教育内容实效性的评估，包括思想政治理论课、日常思想政治教育活动及网络思想政治教育活动的内容实效性；二是思想政治教育传导环节实效性的评估，包括教育传导者及各类传导方法；三是思想政治教育接受环节实效性的评估，包括思想政治教育接受效果、接受环境的评估。

综上所述，研究以"分别提高，协同整合"为宗旨，针对内容构建、传导与接受三个环节实效性的提高，分别提出了具有针对性的方法、路径与措施。主张新媒体环境下提高大学生思想政治教育整体实效性必须实施协同管理策略，从而实现 1+1+1 ＞ 3 的协同整合效应，提高高校思想政治教育的实效性。

参考文献

[1] 郭全中.大数据时代传统媒体转型的关键 [J].中国记者，2013（7）：3.

[2] 李晓东，鲁磊，张敏.传统媒体转型，出路在哪里？[J].新闻前哨，2014（4）：13.

[3] 刁毅刚.纽约时报的内容数据开放和新闻客户端战略 [J].中国记者，2012（2）：120-121.

[4] 郭全中，郭凤娟.传统媒体转型的框架探析 [J].新闻前哨，2013（8）：21-24.

[5] 汪文斌.中国网络电视台的战略构想与实践 [J].新闻战线，2010（2）：4-7.

[6] 陈力丹，付玉辉.论电信业和传媒业的产业融合 [J].现代传播，2011（1）:28-31.

[7] 易绍华.电视的活路：数字化背景下电视媒体的网络化生存研究 [M].厦门：厦门大学出版社，2010.

[8] 石长顺，石永军.融合与突破：对广电业发展趋势的一种解读 [J].中国广播电视学刊，2007（3）:19-21.

[9] 赵臻.电视与新媒体的互动融合 [J].新闻传播，2015（14）:10-12.

[10] 易绍华.电视的活路——数字化背景下电视媒体的网络化生存研究 [M].厦门：厦门大学出版社，2010.

[11] 付玉辉.试论数字媒体内容国家监管体系变革的现实可能性 [J].国际新闻界，2007（11）:36-34.

[12] 陈绚.数字化媒体传播内容管理限制式微 [J].国际新闻界，2007（11）：25-30.

[13] 杨兴晖.试论新媒体企业吸引风险投资的相关问题 [D].北京：对外经济贸易大学，2007.

[14] 田迎娣.网络新媒体时代生活服务类报纸的发展之路 [D].西安：西北大学，2008.

[15] 郭墨池.报纸如何应对新媒体时代的挑战 [D].西安：西北大学，2008.

[16] 许鸿艳.论大众传媒的不良内容对青少年成长的负面影响 [J]. 新闻知识，2005（10）:3.

[17] 秦宇新，网络广告互动传播与受众接受关系研究 [D]. 武汉：华中科技大学，2004.

[18] 陈安娜.新媒体环境中的报纸该如何突围 [N]. 中国图书商报，2011.

[19] 葛彬超，媒介文化与当代生活境遇 [D]. 武汉：武汉大学，2010.

[20] 金书羽.道德资本在广告传播中的应用研究 [D]. 南京：南京师范大学，2008.

[21] 张苑琛.新媒体时代媒介素养研究的转向 [J]. 探索与争鸣，2011（08）:71-73.

[22] 李骏.论我国新媒体舆论监督的兴起与改进措施 [J]. 浙江树人大学学报（人文社会科学版），2011（04）:70-75.

[23] 冯锐，金婧.论新媒体时代的泛在传播特征 [J]. 新闻界，2007（4）：15-16.

[24] 伍登科.新媒体时代新闻传播的特点及发展趋势 [J]. 西部广播电视，2015（17）：38.

[25] 江冰.媒体时代的 80 后文学 [M]. 人民出版社，2014：111-112.

[26] 郑瑜.媒介融合：新媒体时代的发展观 [J]. 当代传播，2007（3）：22-24.

[27] 黄杰.媒体时代新闻传播的特点及发展趋势 [J]. 视听，2015（3）：66-67.

[28] 郭庆玲.论新媒体对全球化时代国际政治的影响 [J]. 湘潮（下半月）.2012-05.

[29] 伊桂芬.高职院校学生思想道德现状及对策 [J]. 职业.2014-05-15.

[30] 胡耀华.浅析移动社交媒体对大学生人际关系的影响 [J]. 世纪桥.2016-05-20.